KB210644

녹슬지 않고 닳아 없어지길 원합니다

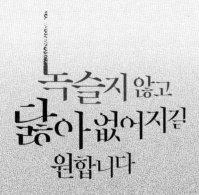

녹슬지 않고
닳아 없어지길
원합니다

임동수

규장

주님과 늘 함께하고자 하는 갈망이
전달되는 책

임동수 선교사님은 제가 참 존경하는 선교사이십니다. 임동수 선교사님이 파라과이 선교사로 가신 지 19년이 지났습니다. 그동안 개척하여 예배당을 건축한 교회가 200여 교회가 넘습니다. 믿어지지 않을 만큼 엄청난 사역을 이루고 있습니다. "왜 하필 파라과이로 가셨느냐?" 했을 때 자신의 믿음과 의지가 너무 약하여 다시 돌아올 수 없을 만큼 먼 곳으로 가기 원하였기 때문이라는 말에 마음이 뭉클하기도 했습니다.

나는 죽고 예수로 사는 십자가 복음이 분명한 선교사

복음을 전하는 사명자에게는 세 가지 고리가 연결되어 있습니다. 첫째는 십자가 복음에 대한 분명한 믿음이 있어야 한다는 것입니다. 둘째는 십자가 복음을 누리며 살아야 한다는 것입니다. 셋째는 복음을 전하는 사명감이 있어야 한다는 것입니다.

선교사에게 이 세 가지 고리 중 어느 하나라도 빠지면 안 됩니다. 선교에 대한 거룩한 사명감으로 마음이 뜨거워도 사명감만으로는 선교의 사명을 감당하지 못합니다. 모세는 억누를 수 없는 사명감으로 동족을 위하여 살기로 결단하였으나 결과는 광야로 도망가 40년이란 긴 세월 동안 지루하고도 힘든 시간을 보내야 했습니다.

사명감에 불타 선교지로 갔지만 열매 없는 사역에 마음이 무너진 선교사의 문제는 대부분 본인이 복음을 누리며 살지 못하기 때문입니다. 예수님께서 승천하시기 전 제자들에게 복음을 전하러 온 민족에게로 나아가기 전에, 먼저 하나님께서 약속하신 성령이 임하기를 기다리라고 말씀하셨습니다.

복음의 두 번째 고리가 바로 이것입니다. 성령의 역사로 임마누엘이신 주 예수님과 연합하는 삶을 사는 것입니다. 24시간 주님과 친밀히 동행하지 못하면 십자가 복음을 알고, 그 복음을 전하고자 하는 사명감이 뜨거워도 복음의 역사가 일어나지 않습니다.

임동수 선교사님이 귀한 것은 바로 이 두 번째 고리가 분명한 분이라는 사실입니다. 그는 '나는 죽고 예수로 사는' 십자가 복음이 분명한 선교사입니다. 그는 파라과이 현지 교회에서 강력한 복음 전도자요 또한 뜨거운 부흥사입니다. 그러나 그보다 더 중요한 것은 복음 그 자체이신 예수 그리스도와 온전히 동행하는 선교사라는 것입니다.

친히 말씀하시고 역사하신 주님과 동행한 기록

그는 선교사이지만 수도 없는 예배당을 건축하느라 목수요 석공이고 조경사요 운전수가 되었습니다. 자체 생산이 불가능한 시멘트나 벽돌 같은 것을 제외하고는 전부 손으로 만들어내야 했습니다. 건축비를 줄이려면 그 길밖에 없었기 때문입니다. 그래서 이제는 건축에 있어서 거의 모든 영역에서 탁월한 기술자가 되었습니다.

주님은 그의 거친 손마디, 그을린 피부, 땀에 젖은 작업복을 사랑하실 것입니다. 그러나 그의 진정한 강점은 날마다 주님과 동행하는 사람이라는 것입니다. 그는 말로만 아니라 예수님과 동행하는 삶으로 예수님을 증거하고 있습니다.

이 책은 임동수 선교사의 지난 19년의 선교의 업적을 기록한 책이 아닙니다. 그가 은혜받은 간증책도 아닙니다. 날마다 주님과 동행하면서 깨우치고 가르치고 회개하게 하시고 믿음을 세우신 주님과 동행하였던 기록입니다.

감사하게도 임동수 선교사님은 선교 사역 초창기부터 매일 일기를 썼습니다. 따라서 그가 쓴 일기의 분량이 많습니다. 그중에 가리고 또 추려서 이 책에 담았습니다. 이유는 오직 하나입니다. 이 책이 임동수 선교사님 안에 거하시는 예수 그리스도께서 행하신 일에 대한 부인할 수 없는 증언이기 때문입니다. 또한 이 책은 단지 선교 일지가 아닙니다. 임동수 선교사 안에서 친히 말씀하시고 역사하신 주님과 동행한 기록입니다.

임동수 선교사님에게는 주님과 늘 함께하고자 하는 갈망이 있습니다. 누구나 이 책을 읽으면 그것이 무엇인지 알게 됩니다. 모든 그리스도인이 주님과 동행할 수 있다는 사실과 주님께서 어떻게 깨우치시고 역사하시는지를 알게 될 것입니다. 그리고 자신과 함께하시는 주님의 음성을 듣는 귀가 열리게 될 것입니다.

유기성 선한목자교회 담임목사

죽으나 사나 주님께만 매달릴 수 있는 곳, 파라과이 옥수수밭 한가운데서 선교사를 만들어가신 하나님

"왜 파라과이로 가셨지요?"

선교사로 사역하며 만나는 분들에게 가장 많이 듣는 질문입니다. 질문하시는 분들의 질문 의도는 여러 가지가 있을 테지만, 아마 가장 먼 나라로 가게 된 결정적인 이유나 그 부르심의 과정에서 있었을 주님의 특별하고 강력한 역사를 듣고 싶기 때문일 것입니다.

그러나 그 분들의 마음에 감동을 줄 저 자신의 대단한 헌신의 각오, 주님으로부터 온 환상이나 거부할 수 없는 큰 음성 같은 초자연적인 부르심이 있어서 그곳에 간 것이 아니라, 너무나도 부끄러운 저의 연약함으로 인한 것이기에, 그 질문을 받을 때마다 매우 난감합니다. 왜냐하면 그곳이 '가장 먼 곳'이기 때문입니다.

저는 제가 얼마나 주님 앞에 연약한 자이고, 주님이 주시는 마음을 얼마나 자주 못 들은 척하고, 불평하며, 순종하지 못하는 자인지 잘 알기에, 저의 이런 연약함으로 인해 주님의 영광을 가리는 자가 되는 것이 너무나 두려워서, 선교사로 부르신 그 땅에 가서도 습관적이기까지 한 두려움과 불순종이 나올까봐, 두려운 상황에 처해져 도망치듯 돌아오려는 마음이 아예 들지 않는 곳, 가장 먼 곳이기에 상황과 형편이 어려울지라도 돌아올 수 없어 죽으나 사나 주님께만 매달릴 수 있는 곳을 찾아온 것일 뿐입니다.

정말 믿음 없는 부끄러운 모습이지만, 이런 나의 연약한 고백을 주님은 오히려 기쁘게 받으셔서 당신의 영광을 나타내는 데 지금껏 사용하셨음을 알기에, 감추고만 싶은 이 연약한 이유를 숨기지 않고 묻는 이들에게 고백하고 있습니다.

뭔가 대단하고 근사한 대답을 기대했던 이들에게 이 대답은 순간 정적을 불러일으킬 만큼 보잘것없지만, 이런 저를 쓰시는 주

님의 능력을 생각하면, 저와 듣는 이 안에 올려지는 고백은 오직
"주님이 하셨습니다"밖에 없기에, 부끄러움을 개의치 않고 말할
수 있습니다.

너 때문이다!

태어나기 전부터 주님의 종으로 드려진 저는 충청도 시골의 어
느 어촌 마을에서 처음 예수님을 믿어 매일 산을 두 개씩 넘어 새
벽 제단 마룻바닥에서 기도하던 어머니의 서원에서부터 시작되
었습니다.

'선교'라는 말이 뭔지도 잘 모르던 아주 어린 시절, 어머니는
한술 더 떠서 주님의 종으로 드려진 이 아이가 선교사가 되길 기
도하셨고, 매일 기도하시는 어머니의 모습을 보며 그것은 도저히
바꿀 수 없는 저의 숙명과도 같은 것이라고 믿을 수밖에 없었습
니다.

어릴 적부터 그런 어머니를 따라 수많은 집회에 다니며 말씀
을 들었고, 기도도 누구보다 큰 목소리로 올려드렸지만, 정작 내

안에 선교사에 대한 확신이 없어 답답한 마음을 치기도 하였습니다. 그러던 중 도무지 내 안에 오지 않는 확신이 답답함을 넘어 자포자기하고 싶은 마음이 더 커질 때쯤 시골 마을 교회에서 열린 작은 집회에서, 아무런 기대감을 품지 않고 간 그 자리에서 주님의 모습을 마주하게 되었습니다.

아주 어릴 때부터 귀에 못이 박히도록 들어온 주님과의 만남, 그날 주님의 모습은 기대하고 상상했던 내 생각 속의 근사하고 멋진 모습이 아니라 세상 그 누구보다 처절하게 깨어진 피투성이의 모습이었습니다. 그 순간 주님을 만났다는 반가움보다는 도대체 왜 나와의 첫 만남에 이런 모습으로 나오셔야 했는지에 대한 실망으로 화가 차올라 주님께 따지듯 물었습니다.

"왜 이런 모습이십니까?"
"너 때문이라."

나 때문이라는 주님의 말씀은 거대한 망치가 되어 굳어져 있던 내 마음을 순식간에 깨트려버렸고, 그 밤을 눈물로 지새우며 주님께 나의 삶을 작정하게 하였습니다. 어렸을 때부터 막연하게 또는 당연하게 숙명적으로 생각해왔던 선교사의 삶을 분명하고 실제적으로 시작하게 하신 밤이었습니다.

이런 나조차 사용하신다면

그러나 그 후로 서울로 올라와 학교에 다니면서, 그 시간을 단지 내가 가야 할 길의 과정으로만 생각하여 가능한 한 빨리 끝마쳐야 한다는 생각뿐이어서, 그 시간 안에 깊게 쌓아야 할 주님과의 관계를 다 이루지 못하고 정신없이 내달리다 눈을 떠보니 파라과이 시골의 옥수수밭 한가운데 서 있게 되었습니다.

그곳에서부터 시작되었습니다. 주님은 내가 선교사로 다 준비되어서 그곳에 보내신 것이 아니라 그곳에서부터 저를 선교사로 만들어가셨습니다. 시행착오의 시간을 무던히도 인내하신 주님이 세상에서 가장 연약한 믿음의 저를 통해 당신의 일을 이루어가셨으니, 돌아보면 이 일은 전적으로 주님이 하신 것밖에 없음을 고백하지 않을 수 없습니다.

얼마나 내 멋대로 생각하고, 주님의 뜻을 헤아리지 못하고, 내 마음대로 이리저리 뛰는 나를, 그때마다 끌어안으시고 다시 회복시키시고 새 힘을 부으셔서 어떻게 저를 또다시 일어나게 하셨는지를 생각하면, 저라면 당장 포기하고 싶을 것 같은 영혼을 주님이 얼마나 인내하셨는지를 생각하면, 가슴이 먹먹하게 시려옴을 느낍니다.

수차례 직면한 죽음의 순간에도, 견딜 수 없는 마음의 고통에도, 주위 사방을 둘러보아도 아무 도움의 손길을 기대할 수 없는 절망의 상황에도 오직 한 분, 우리 주님은 저를 포기하지 않으시고 오래전 저를 처음 만나주셨던 마른 피딱지가 가득했던 그 팔로 안으시고 나와 함께 울어주셨습니다.

그 주님이 저와 함께 계심을 부인하려야 부인할 수 없는 놀라운 체험이 제 안에 가득한데, 어찌 그 주님의 마음을 구하지 않을 수 있겠습니까? 사역의 현장에서 무수히 닥쳐오는 이해할 수 없고 가늠할 수도 없는 수많은 고난과 고통에도 낮은 신음으로 부르는 제 음성에 귀를 기울이시는 주님의 그 숨결이 제 귀에 생생한데, 어찌 그 주님의 이끄심에 순종하지 않겠습니까?

저는 말할 수 없는 죄의 존재요, 비교할 수 없이 연약한 존재이지만, 주님은 그런 저를 사용하심으로, 세상 그 어떤 사람도 주님의 손에 놓이면 쓰임 받지 못할 이가 없음을 가장 분명하게 증명하셨습니다.

무엇 때문에 책을 내려 하느냐?

몇 년간 써온 일기를 공유하는 이들로부터 묶어서 책으로 출간하는 것을 권유받은 적이 있었습니다. 처음엔 가당치 않은 일이라 손사래를 쳤지만 여러 사람으로부터 듣는 동일한 말이 마음에 남아 현실성을 생각해보게 만들기도 했습니다.

그렇게 시간이 더해지자 그 생각이 구체화되어 유기성 목사님께 상황에 대한 설명과 원고를 보내드렸는데, 목사님은 긍정적으로 생각해주셨고, 고국 방문 때 만나 대화하는 가운데 실제적인 진행에 대해 말씀해주셨고, 그 말씀에 용기를 얻어 들뜬 마음으로 원고를 정리했습니다.

그러나, 기도 가운데 주님이 물으셨습니다.

"무엇 때문에 책을 내려 하느냐?"

주님의 물으심에 무언가 대답하기 위해 우물쭈물하고 있는데 주님은 나의 마음속에 있는 것들을 보여주시며 제가 주님께 곧바로 답하지 못함을 알게 하셨습니다. 그렇습니다. 제 안에 이 책으로 인해 제가 조금이라도 알려지고 드러나길 원하는 욕망이 있음을 보여주신 것입니다. 사람들 앞에서 입을 열면 늘 주님의 영광을 말하면서도 실상 제 마음 안에는 주님보다 저를 드러내려는 욕심이 자리하고 있음을 보여주신 것입니다.

주님은 책을 내는 것을 막으시려는 것이 아니라 제 안에 있는 그 생각과 마음을 완전히 주님 앞에 드려서, 오직 예수 그리스도 당신만이 제 삶의 전부임을 완전하게 고백하길 원하셨습니다.

처절하게 기도하게 하셨고, 죽음과도 같은 온전한 비움을 요구하셨으며, 제 안에 더 이상 주님 외에 그 어느 것도 남지 않게 깨끗이 씻으셔서, 오직 예수 그리스도, 그분만이 홀로 좌정하심을 다시 한번 선포하게 하신 후 이 일을 허락하신다는 확신이 들게 해주셨습니다.

내가 안다 내가 알지…

안타깝게도 선교사로 살아온 시간의 전반부를 이 책에 싣지는 못했습니다. 이른 나이에 지구 반대편의 원주민들과 함께 살며 겪었던 많은 기억들, 그 순간마다 제 마음을 지배했던 감정들을 담은 글들은 처절하다 못해 서늘하기에 그 무게를 다른 이에게 소개하고 전가하는 것이 적절치 못하기 때문이기도 하려니와, 그 시간 안에 있었던 몇 차례의 후원 중단과 여러 번의 풍토병으로 인한 생사의 갈림길에서 겪은 고통, 전도하기 위해 들어간 수많은 낯선 땅에서 만나는 강도와 살해 위협에 대한 지우고 싶은 기억들, 거짓 소문을 지어내 비방하고 조롱하고 교회와 사람들과의 관계를 단절시키는 이들조차 품어야 하는 참담함, 어린 자녀의 몸에서 파내야 했던 벌레들을 마주하는 아버지의 찢기는 심정을 담아낸 글들은 차라리 절규에 가깝기에, 주님은 오직 당신만이 받으시고 다른 이가 그 처연함을 들여다보는 것을 허락지 않으려고 하셨는지, 그 글들이 담긴 컴퓨터를 거두어 가셨기 때문입니다.

언젠가 주님이 허락하시면 기억의 심연에서 끌어올려 다시 문자화할 수 있을지 모르지만, 주님은 이미 그 순간마다 나를 안으시고 "내가 안다, 내가 알지…"라며 함께 울어주시고 제 마음을 치유하셨기에, 이제는 그 모든 기억들에 아름다운 이름을 붙여 내 마음 깊은 곳에 개켜두었습니다.

그래서 사역 후반부의 일기들만을 조심스럽게 펼쳐놓지만, 돌아보면 부끄러운 고백들뿐입니다. 깊은 밤 홀로 가슴을 치며 통곡하는 눈물을 누군가에게 들키는 것은 부끄러운 일이기 때문일 것입니다.

그럼에도 불구하고

강산이 두어 번 가까이 변하는 시간 동안 제 삶을 나름대로 온전히 주님께 드려, 적지 않은 주님의 일하심을 증거하는 삶을 살았다고, 그래서 사람들의 눈에 나쁘지 않게 보일 거라는 생각을 품을 때마다 제 마음을 꿰뚫어 보시는 주님의 그 눈빛을 마주하며 느끼는 제 감정은 부끄러움뿐입니다.

거의 매일 제 몸과 영혼의 임계점을 느낄 때마다 절박함으로 외쳐 부르는 주님, 그 주님의 도우심을 받아 그렇게 하루를 살아내면서도 그 순간이 지나가면 언제 그랬냐는 듯이 철저하게 망각하고, 또 더 나아가 그 도우신 주님을 원망하고 불평을 쏟아내는 저를 보셔야만 하는 주님의 마음을 생각하면 역시 부끄러움뿐입니다.

그럴 때마다 저는 감히 그 주님의 마음을 다 헤아릴 수 없어, 내 눈물 젖은 떨리는 손으로 주님의 상처 난 마음을 더듬을 때마다 제 손끝에 걸려 올라오게 하시는 그 주님의 음성은 '그럼에도 불구하고'였습니다.

저는 여전히 제 아집대로 달려가고 제 욕심대로 저를 경배하지만, 그럼에도 불구하고 주님은 또 하루의 가죽옷을 지어 제게 입히십니다. 그 어떠한 가능성도 갖지 못한 제 안을 들여다보며 실망한 제 눈을 이제 들어 주님께 제 삶의 시선을 고정하고 그 주님의 음성을 듣습니다. 그럼에도 불구하고 저를 맹목적으로 용납하시고 무조건적으로 사랑하시는 주님의 마음을 제 온 존재에 덮습니다.

이 책은 그 주님의 행하심에 대한 거부할 수 없는, 부인할 수 없는 분명한 저의 증언입니다.

임동수

거룩한
닮음

3

주님이
하셨습니다

4

어느
목수의
고백

1

01

주님 닮기를 원합니다

20130509

거의 매일 반복되는 일과를 보냅니다. 아침 6시 전에 일어나 7시에 오전 일과를 시작합니다. 11시 반에 오전 일과를 마치고 아침 겸 점심을 먹고 오후 1시에 오후 일과를 시작해서 4시 반에 오후 일과를 마무리합니다. 돌아와 샤워기 밑으로 씻겨 떨어지는 땀으로 얼룩진 붉은 흙물을 바라보며 오늘도 한가하게 헛된 시간을 보내지 않았음에 감사를 드립니다. 이른 저녁을 먹고 교회에서 성도들과 한 시간 여 통성 기도를 하고 돌아와 하루를 감사하며 일기를 쓰고 이른 취침을 합니다.

특별한 것도 없고 지루해 보일 만큼 동일한 일상이 일주일 내내 반복됩니다. 일과는 대개 목공소에서 교회 건축을 위해 뭔가를 만들거나, 센터에 있는 나무를 돌보거나, 건축 현장에서 삽질을 하거나 곡괭이질, 또는 망치질 등 단순한 육체노동입니다. 무수히 반복되고, 특별히 고민하거나 신경 쓰거나 머리를 쓰는 일이 아닙니다. 하지만 그렇기에 다른 복잡한 생각을 하지 않습니다. 오직 그 일에 몰두하고 입으로는 계속 찬송을 흥얼거립니다.

그게 스페인어 찬양이든, 한국어이든, 과라니어이든, 머릿속엔 단순하게 '주님'과 '노동'밖에 없습니다. 단순한 일상의 반복이고 고되지만 기쁨이 있는 노동, 그리고 오직 주님과 흥얼거리며 찬양으로 대화하는 온전한 교통입니다.

땀 흘리며 주의 일을 하면 다른 생각, 걱정이 들어올 틈이 없는 것을 봅니다. 망치질하고, 삽질하고, 목공 기계 앞에서 온 신경을 써서 나무를 다듬는 그 시간을 돌이켜보면 늘 그랬던 것 같습니다. 그동안에는 그랬었다는 사실조차 모르고 지낸 것입니다. 마치 물속의 물고기가 물의 존재를 잊고 지내는 것처럼 다른 생각, 걱정 근심 없이 찬양만 흥얼거리며 노동하는 하루의 온 일과가 사실은 주님과 함께 땀 흘리고 있었다는 것입니다.

현지인 사역자들의 거칠고 굳어진 손마디에서 예수님의 체온을 느낍니다. 참 영성은 깊은 서재 안에서 나오기도 하지만, 작열하는 태양 아래서 땀 흘리며 주의 일을 하는 데서도 나오기 때문입니다. 우리가 혀로만 주를 섬기면, 정작 혀를 쓸 수 없는 곳에서는 아무것도 할 수 없을 것입니다. 주님, 거친 손마디, 그을린 피부, 땀에 젖은 작업복을 부끄러워하지 않겠습니다. 주님도 그러셨을 것입니다. 갈릴리 목수 예수의 거칠고 굵은 손마디를 닮게 하소서. 거친 손마디에서 배어 나오는 깊은 영성, 하나님과의 동행함의 기쁨을 닮게 하소서.

그렇습니다. 주님, 주님 닮기를 원합니다. ✝

O2

옹이와 결
20130517

　내일 새벽에 두 곳의 교회 건축 현장인 꾸루구아뜨 지역으로 300킬로미터를 달려가야 합니다. 시골 지역인지라 인터넷 사정이 좋지 않아 정기적으로 일기를 쓰기가 어렵기도 합니다. 오늘은 내일 가져갈 문과 창문을 마무리 작업하여 트럭에 다 실었습니다. 10년 내내 동일한 건축 후원금으로 교회를 짓다보니 점점 사는 부분을 최소한으로 해야 하기 때문에, 도저히 자체 생산이 불가능한 시멘트나 벽돌 같은 것을 제외하면 전부 손으로 만들어 냅니다.

　그것들을 만들기 위해 못질을 하다보면 두 가지를 조심해야 합니다. 첫째는 나무의 옹이이고, 둘째는 결입니다. 한 나무의 작은 부분에 공교롭게 두 가지가 같이 있는 경우도 있습니다. 옹이는 너무 단단해서 못이 잘 박히지 않고 어느 정도 들어가다가 휘어 버리고, 결은 못이 너무 쉽게 들어가지만 그렇다고 끝부분의 결에 못을 박으면 나무는 쪼개져버립니다. 한 나무 안에 이렇게 전혀 다른 성질의 것이 있다는 게 신기하면서도 그것을 건드리지 않도록 조심하는 게 가끔 신경이 쓰일 때가 있습니다.

그것을 보며 저를 생각해보았습니다. 내 '옹이'는 무엇이고, '결'은 무엇인가? 도무지 말씀과 은혜가 들어가지 않도록 단단해져버린 부분은 무엇인가? 또한 건드리기만 하면 무너져버리고 깨져버리는 약한 부분은 무엇인가? 그것을 다른 이에게 들키지 않으려고 몸부림치며 숨기는 것은 무엇인가?

그 생각을 하면서 사탄은 누구보다 그것을 잘 알고, 시시로 때때로 그것을 건드리고 도발한다는 것을 깨닫습니다. 그럼에도 도무지 내 힘으로 그 침노함을 막아낼 힘이 없음에 좌절하기도 합니다. 그렇기에 더욱 주님의 도우심을 간구합니다.

주님. 주님만이 내 옹이를 녹이시고 내 결을 견고히 하실 수 있습니다. 그렇습니다. 주님! 주님만이 하실 수 있습니다. 아멘. †

03

주님, 그 갈급함을 제게 주옵소서
20130426

열흘 전 즈음에 키우던 토끼가 새끼를 낳았습니다. 며칠 전부터 새끼가 제법 커지고 눈도 떠서 사람 냄새가 배지 않게 장갑을 끼고 꺼내서 만져보기도 했습니다. 항상 새끼끼리 모여 있고 어미는 멀찌감치 있어서 언제 젖을 주나 궁금하던 차에 무심코 어미 근처에 새끼를 놓으니까 놀라운 일이 벌어졌습니다. 아직 걷지 못하는 새끼가 엄청난 몸놀림으로 어미 품을 파고들어 젖을 빨기 시작한 것입니다.

항상 무기력해 보일 정도로 힘이 없어 보였던 새끼가 어미 냄새를 맡자 미친 듯이 달려들었습니다. 그 속도와 몸부림이 얼마나 대단한지 놀라울 정도였습니다. 한 마리만 그런 것이 아니라 여섯 마리 전부가 동일하게 어미 품을 파고들기 시작했습니다. 그것이야말로 진정한 갈급함의 모습으로 보였습니다. '저 젖을 물지 않으면 난 죽는다'라는 갈급함은 초인적인 몸놀림을 보여주었습니다.

그 모습을 보며 생각했습니다. '난 저런 갈급함이 있는가?'

'예수님 목마릅니다'라고 노래하지만, 새끼 토끼 정도의 갈급함도 없었습니다. 주님이 오늘 손바닥보다 작은 어린 토끼를 통해 큰 깨우침을 주셨습니다. 주님이 원하시는 것은 저런 갈급함으로 주님을 찾는 것이라 믿습니다. 주님을 놓으면 난 죽는다는 간절함입니다.

태어날 때 거의 동일한 크기였던 새끼들이 그새 차이가 벌어져 가장 큰 것과 가장 작은 것이 두 배 이상 차이가 납니다. 갈급함의 차이일 것입니다. 믿음의 연수도, 가문도, 직분도 아닌 주님을 향한 갈급함, 성령님의 손을 움켜쥐는 절박한 간절함의 차이가 우리가 서 있는 자리와 주님과의 거리 차이일 것입니다.

그렇습니다. 주님! 그 갈급함을 제게 주옵소서. ✝

04

진정한 특권
20130421

지구 반대편에 살다보니 고국에 한 번 방문하면 오랜 시간 비행기를 타야 합니다. 그러다보니 본의 아니게 항공 마일리지가 많이 쌓입니다. 그렇게 십여 차례 다니다보니 항공사에서 고마운지 상위 클래스를 부여해주었습니다. 어느새 공항에 가면 짐을 더 많이 부칠 수 있고, 긴 줄을 서지 않아도 됩니다. 자연스럽게 라운지를 이용하고 대기시간을 편하게 보낼 수 있게 되었습니다. 비행기 안에서도 기내 책임자가 먼저 찾아와 이름을 밝히고 잘 모시겠다고 합니다.

문제는 어느 순간부터 나 스스로 이것을 자연스럽고 당연한 것으로 여긴다는 것입니다. 어찌 보면 특권인데, 이것을 당연하게 여기고 전과 같지 않으면 속에서 불만이 생기는 것을 느낍니다. 인식하지 못하다가 이번 집으로 돌아오는 길에 그것을 깨닫고 소스라치게 놀랐습니다. 주님이 깨우쳐주신 것입니다.

이 땅은 잠시 머물다 가는 나그넷길이라고 설교하던 내 입술과 내 마음과의 거리가 그렇게 멀었던 것입니다. 이 땅에 안주하고, 이 땅에서 다른 사람보다 더 누리려고 하고, 그것을 당연하게 생각하고, 그렇지 못하면 오히려 불편해하고 욕심을 내는 모습은 절대 천국을 소망하는 설교자의 삶이 아닐 것입니다. 천국 소망은 이 땅의 것을 내려놓는 데서 시작되는 것이라 믿습니다.

4등 칸이 없어서 3등 칸을 타고 다닌다던 1세기 전의 선교사들의 삶이 단지 허세나 남에게 보이기 위한 것이 아닌, 참 소망을 알고 있는 것임을 이제야 조금씩 알아가고 있습니다. 우리가 누려야 할 특권은 이 땅에 있지 않음을 다시 한번 고백합니다.

그렇습니다. 주님. 주님과 늘 함께함이 진정 가장 큰 저의 권리입니다. 아멘. 그렇습니다.

05

분별

20130512

선교센터에는 여러 종류의 개미가 이루 헤아릴 수 없을 만큼 많습니다. 그중에 나뭇잎을 잘라다가 굴로 가져가 버섯을 키워 먹는 개미가 많습니다. 그 부지런함이 경탄스러울 정도이지만, 문제는 하룻밤에 한 나무의 나뭇잎을 모두 잘라버린다는 것입니다. 나뭇잎이 없는 나무는 광합성을 통한 영양공급이 되지 않아 크지 못합니다. 꼭 그런 이유인지는 모르지만, 결국은 어린나무들이 대부분 죽어버리고 맙니다.

그렇기 때문에 개미의 수를 조절할 필요가 있어서 오늘은 몇 군데에 약을 뿌렸습니다. 해충이라지만 생명을 가진 것이라 미안한 마음이 컸습니다. 개미약은 작은 펠렛(기계로 압축하여 만든 일종의 사료 모양) 형식의 고형물입니다. 개미들은 이것을 보면 들고 있던 먹이도 내려놓을 만큼 좋아하여 집으로 가져갑니다. 그래서 굴 입구에 뿌려놓은 약은 금세 없어지고 맙니다. 그 후로 개미굴에서 약의 효력이 발생하여 그 굴의 개미들이 다 없어진다고 합니다.

그것을 보며 한 단어가 생각났습니다. '분별', 눈에 좋아 보이고 맛있는 냄새가 난다고 냉큼 집어 갔는데 결국 그것이 자기에게 해가 되는 것. 그것을 분별하지 못하고 '보암직함'에 빠지는 욕심이 어찌 개미에게만 있겠습니까? 오늘 개미의 분별력 없음을 보며 비웃기보다, 나 자신도 영적인 분별력이 약해지면 개미와 별반 다르지 않음을 깨닫고 더욱 영적인 옷깃을 여몄습니다.

그렇습니다. 주님. 주님만 바라보며 24시간 주님과만 동행하면 분별없이 다른 것에 눈을 돌릴 일이 없을 줄 믿습니다. 그렇게 되길 원합니다. 간절히 원합니다. 아멘. 그렇습니다. 주님!✝

o6

끊이지 않는 거룩함을 공급하여주옵소서

20130514

선교센터의 주요 전선 이동 작업을 했습니다. 계량기에서부터 주 전선을 연결해 각 곳에 연결하는 선들을 옮겨서 설치하는 작업이었습니다. 선교센터 안에는 건축을 위한 각종 물건을 만드는 나의 목공소가 있습니다. 목공소 안에는 여러 전문 목공 기계들이 큰 모터를 달고 움직이다보니 380볼트 삼선을 씁니다. 세 줄의 포지티브 선과 한 줄의 네가티브 선이 주 전선입니다.

오늘은 그중에 포지티브 선 하나가 들어오지 않아 수리도 하였습니다. 선교지에 있다보니 웬만한 전신주에 올라가는 것, 그곳에서 전을 따서 전기시설을 설치하는 것은 그리 어려운 일이 아니게 돼버렸습니다. 하지만 그때마다 할 수 있는 최선의 집중을 합니다. 보기엔 아무것도 아닌 10밀리 선이지만, 잘못 건드리면 바로 천국행이기 때문입니다. 하지만 오늘 수리한 선을 여러 가지로 연결해보았는데, 저개발 국가가 대부분 그렇듯 불규칙한 전압과 원활하게 공급되지 못하는 전력 공급이 이유였습니다.

작업을 하며 그런 생각을 해보았습니다. 보기엔 똑같아 보이는 이 선 중에 전혀 전기가 흐르지 않는 선이 있는가 하면, 보이지 않지만 건드리면 바로 감전으로 죽을 수 있는 치명적인 전류가 흐르는 선도 있는 것과 같이, 보기엔 똑같아 보이는 크리스천이지만, 말씀과는 전혀 무관한 삶을 사는 사람이 있는가 하면, 24시간 주님과 동행하는 삶을 사는 사람도 있다는 것입니다. 그럼에도 여전히 눈에 보이는 것에 예민하고, 스스로 판단하고, 결정하고, 재고, 평가하고, 종국엔 정죄하기를 쉬지 않는 모습, 누구보다 그런 삶을 포기하지 않으면서도 결코 그 대상의 범주 안에 절대 자신을 넣지 않는 이중성이 있습니다.

그 사람 안에 저도 포함되며 자유롭지 못함을 깨닫고 마음이 몹시 무거웠습니다. 그러나 곧 주님의 위로가 있었습니다. 아무리 전선을 잘 설치하고 준비가 되어도 전기를 보내주는 발전소가 없으면 무용지물이라는 것. 우리의 생명의 근원은 그분이시며, 그분의 공급이 없이 우리는 아무것도 아니라는 깨우침에 힘을 얻었습니다.

그렇습니다. 주님. 늘 새 힘, 끊이지 않는 거룩함을 공급하여주옵소서. 아멘. 그렇습니다. 주님! †

07

보혈로 씻김 받아 창조의 모습으로 회복될지어다

20130523

전도집회를 마쳤습니다. 전도집회를 하면 환자를 위한 기도가 꼭 있습니다. 사실 환자를 위한 기도만이 아니라 기도가 필요한 사람은 나오라고 하면 많은 수가 환자입니다. 구체적인 기도를 위해 나온 사람들에게 아픈 부위를 말해달라거나 병명을 묻습니다.

문제는 여기서 시작됩니다. 대답하는 병명이 의학적으로 중한 것이면 은근히 부담스럽습니다. 반대로 가벼운 것이면 수월하게 생각됩니다. 가벼운 병이면 적당히 기도해도 나을 것 같고, 중한 병이면 세게 기도해야 겨우 나을 수 있다고 생각합니다. 믿음 없는 선교사의 적나라한 모습입니다. 병을 자기 기도로 낫게 할 수 있다고 착각하는 어리석음입니다. 그래서 기도해서 나으면 우쭐하고, 낫지 않으면 의기소침합니다.

잘못 생각해도 한참 잘못 생각하는 것입니다. 이보다 큰 착각이 없습니다. 마치 감기는 쉽고 암은 어렵다고 믿고 기도의 강도를 조절하는 경악스러움입니다. 사람을 지으신 분에게는 감기든

암이든 문제가 되지 않음을 고백하면서도, 왜 그렇게 자주 잊어버리고, 그 고백을 위한 '의도적인' 새로운 되뇌임이 있어야 하는지, 왜 아직 체화되지 못했는지….

기도해주는 이의 기도의 강도가 아니라 기도를 받는 이의 믿음으로 병이 낫는 것을 그렇게 보아왔으면서도 여전히 기도를 시작하기 전에 머뭇거리는 그 짧은 시간이 원망스럽습니다. 의사도 포기해 걷지도 못하던 암 환자를 기도로 걷게 했던 체험이 있음에도 여전히 중한 환자 앞에 서면 엄청난 부담에 사로잡히는 믿음 없음이 안타깝습니다.

주님, 나는 아무것도 아닙니다. 주님의 도우심을 간절히 구합니다. 그렇습니다. 주님. 주님만이 치유하실 수 있습니다. "내가 주 예수 그리스도의 이름으로 명하노니, 그의 보혈로 씻김을 받아 창조의 모습으로 회복될지어다!" 아멘. ✝

08

그렇게 고백하길 원합니다

20130524

교인 중에 과부인 자매의 집에 도둑이 들어와 우물의 모터를 훔쳐갔습니다. 도둑이 순회를 했는지 동네의 많은 모터와 닭들이 도난당했습니다. 자매의 집은 교인 중에서도 가장 형편이 좋지 않은 집이기 때문에 늘 신경을 쓰고 필요한 것을 항상 채워주려고 노력하는 곳인지라 오늘은 다른 일들을 다 제쳐놓고 그 문제부터 해결했습니다. 우선 어설프게 설치되었던 우물 덮개를 치워버리고 새로 튼튼하게 만들어서 다시는 덮개를 열고 모터를 훔쳐가지 못하게 만들었습니다. 모터를 새로 구매해서 전기 시설 등을 다시 설치하니 하루해가 저물었습니다.

가끔 이런 생각을 해봅니다. '왜 하나님은 이렇게 가장 형편이 어려운 집에 연속적인 어려움을 허락하실까?' 그런데 그 답을 오늘 자매를 통해 얻었습니다. 인간적으로 생각하면 실망하고 낙심될 상황이 분명한데도 오늘 자매의 얼굴에서 내내 웃음이 떠나지 않았습니다.

그리고 고백하기를 얼마 전 동네 청년에게 전도했는데 사탄이 그것이 싫어서 이런 훼방을 놓았나보다 하면서도 그래봤자 난 아무렇지도 않다고 웃어넘기는 것을 보며 '이 믿음 때문이구나'라고 생각했습니다. 이 믿음이 없었으면 그런 시련도 없었을 것이고, 그런 시련이 없어서 믿음으로 극복하는 경험이 없으면 신앙의 성장도 없을 것입니다.

때때로 환난 시험이 없는 평탄한 삶을 꿈꾸기도 합니다. 하지만 그 평탄함은 결코 수평이 아닌 감지하지 못할 내리막임을 깨닫습니다. 지옥은 어느 한순간 쑥 떨어지는 것이 아니라, 평탄한 길인 줄 알고 갔는데 사실은 느끼지 못할 정도의 내리막의 끝이라고 믿습니다. 그 자매는 시련을 믿음으로 극복하고 오히려 주님과 더 가까워지는 은혜를 얻었습니다.

이유 없어 보이는 시련이 닥치면 그것은 주님이 내 믿음을 더 성장시키기 위한 '가장된 축복'임을 고백하길 원합니다. 그렇습니다. 주님. 그렇게 고백하길 원합니다. 아멘. 그렇습니다. ✝

09

그것을 보기 원합니다
20130606

한 곳의 교회 건축을 마치고 돌아왔습니다. 이곳저곳을 들러서 사역자들을 만나다보니 새벽에 출발했는데 밤에서야 돌아오게 되었습니다. 자동차 계기판의 숫자는 700여 킬로미터를 달렸다고 보고합니다.

이번에 건축을 마친 교회의 담당 사역자가 돌아오기 전 마지막 기도 시간에 끌어안고 울며 드리던 감사의 기도를 잊을 수가 없습니다. 삶의 무게를 감당하기 위해 험한 일을 하며 굳어진 그의 손에서 전해지는 깊은 영성도 잊을 수가 없습니다. 또한 무엇보다 '얼마나 보았으면 저렇게 닳았을까?' 하는 생각이 절로 들게 하는 그의 성경책을 잊을 수가 없습니다. 그리고 세상의 어떤 어린아이보다 해맑은 그의 미소와 모든 것 가운데 감사하는 그의 음성을 잊을 수가 없습니다.

우리는 너무 많은 것을 가졌고, 너무 많은 것을 알고 있기에, 그것을 잃지 않으려 너무 많은 시간과 신경을 쓰며, 정작 중요한 주님과의 시간을 갖지 못한 채 살고 있습니다. 많은 것을 갖지 않아도, 많은 것을 알지 못해도 매 순간 주님을 바라보며, 동행하는 그 삶을 갈망합니다.

교회 건축 사역이 너무 귀합니다. 나무 아래서 드리는 예배도 좋지만, 새로운 예배당에서 많은 이들이 마음 놓고 힘차게 찬양하고, 뜨겁게 기도하는 그 뜨거움이 좋습니다. 물론 너무 힘이 드는 것은 사실입니다. 육체적으로도 힘들고, 매번 부족한 재정을 채워나가는 것도 힘이 듭니다. 하지만 이번이 마지막이길 원하는 기도엔 도무지 응답하시지 않는 주님의 마음 또한 잘 알고 있습니다.

주님이 기뻐하시기 때문입니다. 천하보다 귀한 한 영혼이 구원받는 것을 기뻐하시기 때문에 이 사역을 멈출 수가 없습니다. 지금 밀려 있는 수많은 가정 예배처들을 보면 걱정이 듭니다. 어떻게 채움을 받아 어떻게 이루어 나갈까? 하지만 걱정은 하지 않습니다. 지금까지 주님께서 해오신 방식을 알기 때문입니다. 내가 조급하게 서두르지 않아도 주님은 조용히, 그러나 쉬지 않고 주도면밀하게 준비해 오셨습니다. 그 주님을, 그 신실하심을 믿습니다. 그리고 조용히 바라보며 기대합니다.

그렇습니다. 주님! 주님께서 준비하신 대로 그렇게 이루실 것입니다. 그것을 보기 원합니다. 아멘. 그렇습니다. 주님. ✝

10

주님과 함께 춤추고 싶습니다
20130607

오늘 오전에는 현지인 사역자들과 예배당을 세울 두 곳을 다녀왔습니다. 한 곳은 이미 예배를 드리고 있는 곳이고, 한 곳은 부모 없는 거리의 아이들을 모아 먹이고 재우며 예배드릴 곳입니다. 그간의 수많은 경험을 통해 몇 번 계산기를 두드려보니 얼마의 예산이 필요한지 금방 계산되었습니다. 이제부터는 주님의 인도하심을 구하는 믿음이 필요한 순간입니다.

그러나 한참이나 부족한 제 믿음은 주님의 채우심에 대한 확신으로 기뻐하고 감사하기보다는 인간적인 계산과 주님께서 연결해주실 선한 손길에 대한 막막함에 지배당해버립니다. 놀라운 것은 이런 답답하고 믿음 없는 저 같은 사람조차 주님이 쓰기를 원하신다는 것입니다. 저 같은 사람을 바라보시는 주님의 인내력은 끝이 없고, 존경스러울(?) 따름입니다.

돌아오는 길에 침묵했습니다. 모두 시끌벅적했던 가는 길과 다르게 오는 길에는 다 같이 조용했습니다. 한 가지 다른 것은, 믿음 없는 나는 걱정으로 조용했고, 주님의 채우심을 확신하는 그들은 주님께 감사의 기도를 드리느라 잠잠히 조용했습니다. 선교사의 믿음이 가장 작습니다. 주님. 저도 그 믿음을 주옵소서.

오후에는 선교센터에서 제초작업을 했습니다. 풀이 너무 크고 억센 지역엔 불을 놓았습니다. 마침 바람이 적당한 방향으로 불을 지폈는데, 금세 바람의 방향이 바뀌고 심어놓은 나무 쪽으로 불길이 번지려 해서 허둥지둥 불을 끄느라 애를 먹었습니다. 불은 전적으로 바람의 방향에 지배를 받습니다. 어디서 와서 어디로 가는지 모를 바람의 방향은 보이지 않으나 분명히 존재하며 또한 무엇보다 중요합니다.

하나님의 섭리도 동일하다고 믿습니다. 보이지는 않으나 분명히 존재하는 가장 중요한 그것이 내 삶의 방향을 지배합니다. 나는 전적으로 주님의 지배를 받길 소망합니다. 온전히 나를 주님께 맡겨 24시간 주님과 동행하며(바람이 불길을 움직이듯이), 나는 죽고 오직 주님으로만 살고(자신의 의지로 움직이지 않고 바람이 부는 대로 불길이 움직이듯이), 맹렬히 춤추던 그 불꽃처럼 주님과 함께 기쁨의 춤을 추고 싶습니다.

아멘. 그렇습니다. 주님과 함께 춤추고 싶습니다. 그렇습니다. 주님.✝

II

주님의 얼굴빛을 보기 원합니다
20130611

선교센터에 심은 나무들을 돌봅니다. 7-10년 뒤의 수확을 기대하며 심은 나무가 만 그루였습니다. 주님의 은혜 가운데 온전히 성장하면 백 곳의 교회를 세울 모든 목재가 충당될 것입니다. 하지만 저의 경험 미숙과 여러 환경적인 요인들로 인해 많은 나무들이 죽어버렸습니다. 유칼립투스는 그나마 대부분 살아 있고 많이 커서 큰 나무는 3미터에 육박하고 있습니다.

문제는 소나무와 백향목이었습니다. 소나무는 생존한 것이 절반도 못 되고, 백향목은 더 심한 수준이었습니다. 비싼 수업료를 냈다고 생각하며 이유를 분석해보았습니다. 경험 미숙과 함께 가장 중요한 환경적인 요인이 있었습니다. 주변 콩 농장에서 날아온 제초제의 문제이기도 했지만 가장 중요한 것은 햇빛이었습니다.

놀라운 속도로 자라는 풀들이 나무를 완전히 덮어버려 햇빛을 차단하면 그 나무는 거의 예외 없이 죽었습니다. 1년에 몇 번씩 그 넓은 대지(4만5천 평)의 풀을 베어내고 있지만, 자라는 속도를 감당해낼 수 없을 지경인지라 소홀했던 지역은 상태가 심각했습니다. 유칼립투스에 신경 쓰고 상대적으로 소나무와 백향목에 신경이 덜 갔더니 그런 결과를 당하게 된 것입니다.

풀에 갇혀서 자신의 머리 위에 작열하는 태양 빛을 받지 못해 결국 죽어버린 나무들을 보며 많은 생각을 하게 되었습니다. 태양은 분명 그 머리 위에 있었는데도 그들은 그것을 누리지 못해 죽은 것입니다. 주님의 은혜도 마찬가지일 것입니다. 주님은 분명 우리에게 당신의 가장 좋은 것으로 충만하게 채우시길 소망하고 계시고, 매 순간 잊지 않으시고 부어주고 계시지만, 정작 우리는 그것을 다 받아내지 못하고 있습니다. 받기는커녕 오히려 그 존재조차 깨닫지 못해 종국에는 영혼이 말라 죽어버리기도 합니다.

주님의 얼굴빛을 보는 은혜가 가장 큰 은혜임을 믿습니다. 태양빛을 보는 것만으로도 식물은 자라고 열매를 맺습니다. 우리에게도 다른 어떤 것보다 주님의 임재를, 주님과의 동행을 통해 우리의 영이 살고 풍성해짐을 믿습니다. 24시간 주님을 바라봄이, 그 어떤 무엇을 얻기 위해 선택한 방법이 아니라, 우리가 살기 위해 반드시 필요한 생존의 유일한 길임을 믿습니다. 일기를 쓰는 것이 큰 도움이 됩니다. 전에는 그냥 지나쳤던 상황도 일기를 쓰기 시작하면서 주님의 은혜와 상황 가운데 주시는 주님의 뜻을 발견하는 눈이 열리는 것을 봅니다.

다시 한번 매 순간 주님의 얼굴빛을 보길 원합니다. 그렇습니다. 주님. 그것이면 족합니다. 아멘. 그렇습니다. 주님.✝

12

주님만이 나의 길이십니다

20130612

두 곳의 교회 가운데 큰 문제가 있음을 듣습니다. 한 곳은 사역자들 간의 분쟁으로 교회가 나뉘었고, 한 곳은 사역자의 간음 문제로 성도들이 사역자를 보이콧하고 있습니다. 문제는 이 두 곳의 사역자들이 다른 어떤 곳의 사역자들보다 소위 잘나가는(?) 사역자들이었다는 것입니다. 조용히 묵묵히 자기 사명을 감당하는 사역자에게는 아무 문제도 생기지 않는데, 유명해지고 교회가 성장하는 중심에 있던 사역자에게 이런 일들이 벌써 몇 번째 일어나고 있습니다.

모두 사탄의 역사를 탓합니다. 하지만 정말 사탄만이 문제였을까 생각해봅니다. '우리는 아무 잘못도 없고 모든 죄를 사탄에게 뒤집어씌우면 다 되는 것일까?'를 생각해봅니다. 자신의 잘못을 감추기 위해 누구를 탓하는 것은 가장 비열하고 유치한 짓입니다. 하지만 우리가 잘못했을 때 가장 쉽게 할 수 있는 회피의 방법이며 사실 효과도 제법 큽니다. 그렇기에 그 유혹을 이겨내기가 어렵습니다.

문제의 사역자들을 보면 가슴이 너무 아픕니다. 저녁 기도 시간에 기도하는데 기도가 턱턱 막힙니다. 더 많은 기도의 시간이 필요할 것 같습니다. 한편으로는 안타까운 마음을 금할 수 없습니다. 부인이 풍토병으로 죽고(저도 걸려서 사경을 헤맸던 병으로 치료약이 없어 스스로 이겨내는 수밖에 없습니다) 홀로 아이들을 키우며 힘겹게 살아오면서도 기도와 말씀에 힘이 있어서 성도가 그렇게 많이 모였었는데, 어떻게 그렇게 무너지는지⋯. 소위 유명해지고 따르는 이가 많아질수록 이 함정은 교묘하나 무수히 산재하게 됩니다. 환호에 귀가 막히고, 우쭐함에 고개를 쳐들면, 결국 발견하지 못한 구렁텅이에 빠질 수밖에 없는 것입니다. 다시 한 번 옷깃을 여밉니다. 그리고 기도합니다.

주님. 내가 더욱 선명하게 주님을 바라보며 주님만이 지시하시는 그 길을 걷게 하옵소서. 그렇습니다. 주님. 주님만이 나의 길이십니다. 아멘. 그렇습니다. 주님.✝

13

통곡하고 싶습니다
20130620

"파라과이엔 하나님 없지요?"

갑자기 둘째가 물었습니다. "파라과이에도 하나님은 계시지"
라고 대답하자 "그럼, 난 한국 하나님은 만나고 싶지만, 파라과
이 하나님은 만나고 싶지 않아요"라고 답합니다. 왜냐고 묻지 않
았습니다. 그 이유를 알기 때문입니다. 예상이 맞았다는 것을 알
게 되기까지 오래 걸리지 않았습니다.

"파라과이 하나님은 파라과이 사람처럼 생겼을 거예요."

가슴이 심하게 조여왔습니다. 첫째는 어렸을 적에 학교 가기
싫어서 1년 반을 매일 통곡하며 떼를 썼습니다. 둘째도 유치원을
한 달 겨우 다니다 포기해버렸습니다. 이제 1학년인데 학교에서
받는 스트레스가 상상을 초월하는 것 같습니다. 심지어 학교에서
화장실도 못 가고, 친구들로부터 받는 차별에 대한 스트레스가
얼마나 큰지 돌아오면 쓰러져 잠들어야 할 지경입니다.

어렸을 적 원주민 마을에 살 때 첫째 아이 손가락 발가락에 알
을 낳은 벌레들을 바늘로 파내며 흘렸던 눈물과 가슴 저림이 다

시 반복되고 있습니다. 10년간 사역에 온 에너지를 다 쏟아부어 도무지 가족들과 시간을 가져보지 못한 못난 아비의 처참한 현실에 눈물밖에는 다른 어떤 위로의 행위도 생각나지 않습니다. 회의가 들기도 합니다. '이게 정말 최선인가?' 하는 의문도 듭니다.

50개의 교회를 세우고 몇천의 성도가 있어도 결국 그것이 나를 드러내고 스스로 만족하기 위한 자기 자랑이 아닌가 하는 생각에 소름이 돋기도 합니다. '나는 주님의 일 열심히 할 테니 가족은 주님이 책임져주십시오'라고 한 기도가 사실 무책임한 책임전가이며 회피에 지나지 않았는지 자책도 해봅니다. 이대로 지금처럼 해나가야 할지, 사역을 일부 내려놓더라도 가족을 위해 시간을 할애해야 할지 답이 필요합니다.

오늘 밤은 다시 눈물로 지새야 할 것 같습니다. 사실 그냥 통곡하고 싶습니다…. 주님, 도와주세요. †

14

잠잠히 주님만을 바라봅니다
20130807

오래전에 교회에 다니다가 무슨 이유인지 교회를 떠났던 한 가정의 소식을 들었습니다. 주립 감옥에 갇혀 있다는 것입니다. 이유는 '마약 판매'입니다. 교회 다니기 전에 해오던 일을 교회에 다니면서 끊었다가 결국 그 일에 대한 유혹을 버리지 못하고 다시 시작하며 교회를 떠났던 것입니다.

사탄의 유혹은 집요하고, 각 사람에게 다가서는 가장 효과적인 방법을 가장 잘 알고 있습니다. 그 방법이란 말할 것도 없이 그를 죄짓게 하는 가장 확실한 길입니다.

주님은 자신이 길이심을 말씀하시며 그 길만으로 따라올 것을 말씀하십니다. 길이라는 것은 아침부터 저녁까지 내가 서 있는 모든 자리, 곧 모든 삶을 의미합니다.

결국 나의 삶의 모든 순간은 길 되신 주님과 함께하는 것, 주님과의 동행을 의미합니다. 내가 길이라 말씀하시며 따라오라고 하신 주님의 말씀은 곧 주님과 24시간 동행함을 의미하는 것입니다. 삶의 대부분의 순간을 주님과 동행하지 못하기 때문에 사탄의 유혹은 매 순간 우리를 무너트립니다.

주일 센터교회, 지교회들 설교 가운데 주님과 동행하지 않는 삶은 벌거벗고 정글에 들어간 것과 같다고 설명하니 모두가 격하게 공감했습니다.

교회를 떠난 가정을 위한 기도와 금식, 교도소 방문을 진행하고 있습니다. 비록 시련의 시간이지만, 이 시간을 통해 그들이 다시 주님의 품으로 돌아오게 되면 결코 그 시련의 시간이 손해가 아닌 축복일 것입니다.

어린이 전도집회로 센터교회가 분주합니다. 새롭게 전도집회를 열 다른 곳에 대한 준비로 지교회들도 분주합니다. 내일이면 건축이 마무리될 고아원의 오픈을 준비하면서 실무팀이 또한 분주합니다. 700여 명이 참석할 예정이고 특별히 시장부터 소위 세상의 힘쓰는 사람들이 다 오게 되어 있다고 난리들입니다.

하지만 나는 분주하지 않기로 선포했습니다. 이 모든 것들이 이달 안에 이루어질 것이고 제가 최종 책임자이지만, 주님은 저에게 분주하지 않기를 명령하십니다. 가장 중요한 것은 분주함으로 놓칠 수 있는 주님과의 관계입니다.

잠잠히 주님의 말씀을 듣고 그 사랑 안에 잠기는 말할 수 없는 친밀함이, 충만함이 가장 중요한 것입니다. 그렇습니다. 주님. 잠잠하겠습니다. 제가 나선다고 일이 진행되지 않음을 알고 있습니다. 주님이 하실 것입니다.

저는 다만 그것을 보기 원합니다. 그렇습니다. 주님. 주님이 하십니다. 아멘. 그렇습니다. 주님. ✝

15

사모함, 내려놓음의 깊이

20140503

아체 종족 교회 건축의 어려움이 계속되고 있습니다. 지금 전국에 있는 모든 아체 종족 공동체원들이 이를 위해 모임을 가지고 있습니다. 3개 마을 대표 중 한 곳에서 강하게 반대하고 있고, 두 마을 대표들은 허용하기를 원하는데, 이 과정에서 분노한 반대 측 추장이 총을 쏴 한 사람이 팔을 다쳤습니다.

성도들은 이 분쟁 가운데 모두 모여 광장에서 두 손을 들고 기도하고 있습니다. 새벽 4시에 성도들 모두 일어나 이 일을 위해 기도하고 있습니다. 때론 논리적으로, 때론 강렬하게 논쟁해서 해결할 수 있으나, 지금은 논쟁으로 이를 해결할 수 없음을 잘 알기에, 가장 소극적인 방법처럼 보이나 실상은 이 상황에서 가장 강력한 방법을 사용하고 있습니다.

그들의 분노를 온몸으로 받고, 도살장의 양처럼 묵묵히 그들의 결정을 기다리고 있습니다. 그들의 마음을 바꿀 수 있는 것은, 논리도, 선물도, 그 어떤 가시적인 것도 아닌 오직 주님의 능력이기 때문입니다. 잠잠히 그러나 그 어느 때보다 간절히 그 주님의 도우심을 간구하고 있습니다.

그러면서 성도들이 모여 이야기합니다. "만약 저들이 받아주지 않으면, 우리는 우리의 터전을 내려놓고 정글로 들어가자. 그곳에서 비닐로 천막을 치고 살며 우리의 예배당을 세우자." 눈물이 터지고 온몸이 떨렸습니다. 그 어디서도 이런 강력한 믿음의 결단을 본 적이 없었습니다. 더 놀라운 것은 마흔두 가정 모두 그말에 "아멘"으로 결단했다는 것입니다. 번듯한 자기 집과 터전을 내려놓고, 온갖 짐승과 어려움이 있는 정글로 들어가 전부 다시 시작해도 좋을 만큼, 그런 마음으로 예배와 성전을 사모하는 그들의 마음을 어디서 또 볼 수 있겠습니까?

돌아봅니다. 나는 내 예배와 내 교회를 지키기 위해 얼마나 많은 것을 내려놓았는가? 말로만 예배 제일을 외치고 살진 않았는가? 불빛 하나 없는 밤길을 8킬로미터나 걸어와 예배드리는 84세 성도의 사모함이, 달구지를 타고 와 예배드리고 3시간 걸려 돌아가면서 기쁨과 감사로 찬양하는 성도들의 충만함이, 이 땅에 선교사로 왔지만 왜 내겐 그만큼 없는가….✝

16

내 영혼 안의 가시
20140603

아마추어인지라 장갑을 끼면 손에 전달되는 감각이 둔해져 일하는 데 불편함이 있어 맨손으로 일을 하다보니 손에 자주 가시가 박힙니다. 대부분 그 자리에서 뽑아내고, 깊게 박힌 것은 집에 돌아와 바늘로 파내면 되는데, 가끔 도무지 빼낼 수 없는 가시가 있습니다. 종려나무 종류 중에 가시는 매우 날카로워 깊게 박히고 더군다나 끝에 고리가 있는지 어지간한 노력으론 빼내기 어렵습니다. 게다가 굳은살을 뚫고 들어간 가시는 이도 저도 못 하고 빼내려 노력하다 포기해버립니다. 며칠 아프다가도 지나면 괜찮은 듯해집니다.

문제는 일하다 그 박힌 부분을 건드리면 심한 통증을 전해준다는 것입니다. 건드리지 않으면 마치 내 피부 안에 그 가시가 있는지 존재조차 모르고 살아가는데, 정작 살짝이라도 건드리면 확실하게 자신의 존재를 생각나게 해줍니다. 마치 평소 배가 아프지 않으면 내 안에 있는 장기의 존재를 느끼지 못하는 것과 같습니다.

오늘 저녁 기도하다가 문득 그 생각을 해봤습니다. 내 안에는 가시가 없는가? 내 영적인 삶 안에 박힌 가시는 없는가? 평상시엔 아무 문제가 없는 것 같다가도, 죄의 상황에서 여지없이 드러나 나를 찌르는 그 영적인 가시는 없는가? 상황과 현실에 타협하여 굳을 대로 굳어져버린 영적인 굳은살 밑에 떡하니 자리 잡은 죄의 가시는 내 안에 없는가? 없다고 단호히 외치고 싶은 마음은 간절하지만, 그렇게 외치지 못하는 안타까움을 주님은 얼마나 마음 아파하실까….

그렇습니다. 주님. 그 가시를 뽑아주옵소서. 그 날카로움이, 그 서늘한 통증이 두렵습니다. 주님, 도와주세요. †

17

쪼개진 나무
20140628

시내 슈퍼의 정육점 코너에 가면 사골을 쉽게 구할 수 있습니다. 재미있는 것은, 그 이름을 'comida del perro', 즉 '개밥'이라고 부릅니다. 사람이 아닌 개가 먹을 거라는 거지요. 그래서인지 가격이 1킬로그램에 한국 돈 500원도 하지 않습니다. 공짜나 다름없는 가격에 가끔 사다가 진한 사골국을 해서 먹습니다. 문제는 이것을 가스로 끓이면 가스값이 더 많이 나오기 때문에 24시간 장작으로 우려냅니다. 장작이야 워낙 많이 패놓았기 때문에 걱정이 없습니다.

이 작업을 할 때 가장 중요한 것은 장작을 고르는 것입니다. 처음에 불을 붙일 때와 그리고 화력을 높일 때 쓰는 나무가 다릅니다. 나무마다 경도가 다르다보니, 대부분 단단한 나무가 화력이 좋고 오래갑니다. 하지만 그렇다고 무턱대고 그런 나무만 집어넣으면 불이 쉽게 사그라듭니다. 불도 버거운 거지요. 그래서 처음엔 대부분 가는 나무를 사용합니다.

그런데 오랜 경험상 공통된 한 가지 특징을 보게 됩니다. 가는 나무든, 굵은 나무든, 단단한 나무든, 무른 나무든 가장 잘 타는 나무는 '쪼개진' 나무입니다. 쪼개졌다는 것은 중심이 마른 나무입니다. 가는 나무도 쪼개지지 않은 나무는 안에 품고 있는 수분으로 인해 쉽게 타오르지 않습니다. 하지만 굵은 나무라 해도 쪼개진 나무는 수월하고 강력하게 화력을 보태줍니다.

장작을 집어넣으며 그런 생각들을 해봅니다. '나는 쪼개진 나무인가? 아니면 시퍼렇게 자아가 살아 있는 통나무인가? 내 심령이 성령의 검으로 쪼개져서, 내 안에 더러운 자아가 은혜의 햇볕에 닿아 말끔히 말라 사라지고, 거룩한 불길에 휩싸여 주님의 필요에 한 줌의 불길이라도 더하는 삶을 살고 있는가?'

주님, 다만 그것이 두렵습니다. 주님, 쪼개지길 원합니다. 아멘. 그렇습니다. 주님!✝

18

마르다 콤플렉스

20140704

오늘 예배당 건축 공사를 하며 한 면의 벽에 미처 보지 못한 부분의 문제를 발견하였습니다. 어제까지만 해도 못 본 잘못을 늦게서야 발견하고 마음이 많이 상했습니다. 방법은 별수 없이 전체를 다 헐어내고 다시 쌓아야 합니다. 형제들이 말은 하지 않지만, 그 정도는 별 문제가 되지 않는다는 눈치로 다시 헐자는 제 말에 서운해하는 것이 느껴졌습니다.

하지만 여기서 흔들리면 나중에 큰 문제가 생깁니다. 그다지 커 보이지 않는 문제도 방치하면 큰 문제로 발전합니다. 그동안의 수고가 아쉽지만 헐고 다시 세워야 합니다. 마음이 무거워 끝까지 같이 일하지 못하고 중간에 돌아왔습니다. 마음이 상한 모습을 보여주고 싶지 않았기 때문입니다.

가끔 일에 몰두하여 감정을 선하게 다스리지 못하는 모습에 놀랄 때가 있습니다. 그러면 당장 멈춥니다. 일이 중요한 것이 아니라 하나님과 사람 앞에 선 나의 모습이 중요하기 때문입니다. 입으로는 주님과의 동행을 말하면서 다른 모습이 보이면 아무 소용이 없기 때문입니다. 전에 이 사실을 깨닫지 못해 일만 죽도록 하고 선한 결과로 인도되지 못한 적이 많았습니다.

그렇습니다. 제 안에 그것이 있기 때문입니다. '마르다 콤플렉스', 사람들로부터 일로 인정받고 싶어 하는 욕구가 그것입니다. 가만히 있으면 아무 일도 하지 않는 것처럼 보여서 남들로부터 인정받지 못하면 어쩌나 하는 강박관념이 저를 너무 강하게 지배해왔었습니다. 마치 아직 두 살밖에 안 되었는데, 취직해서 돈 벌어 부모님 호강시켜드리고 싶어 하는 아이 같습니다.

11년 차 선교 사역으로 영적인 메마름을 느낍니다. 예배의 자리에서 자꾸 두리번거리며 잘 진행되고 있는지 점검하고 있고, 말씀을 전하면서도 은혜받는 열 명보다 그렇지 못한 한 사람에 신경이 쓰이고, 스스로 말씀과 예배를 평가하며 일희일비합니다. 가장 두려운 것은 이런 상황이 지속되어 익숙해져버리면 어쩌나 하는 것입니다. 그러지 않기를 몸부림치며 기도합니다. 예배와 말씀에 목마릅니다. 잘 진행되고 있는지 점검하지 않아도 되는, 할 필요도 없는, 그런 한 사람의 예배자로 서 있는 시간과 자리에 목마릅니다.

마르다 콤플렉스, 그 괴물을 내 안에서 걷어차 쫓아내고 싶습니다. 그렇습니다. 주님.✝

19

차라리 어린아이처럼 안겨 울게 하소서

20140715

선교사로 산다는 것은 매 순간 주님의 기적 가운데 걷는 것 같습니다. 생각해보면 타국에서 외국인으로, 그것도 선교사로 살며 겪어야 할 영적 대적자의 각종 위협 가운데 지금껏 무사히 지나온 것은 순전히 주님의 도우심이요, 기적이라고밖에 설명할 수 없습니다.

그럼에도 놀라운 것은 이 기적과 같은 삶에도 때때로 깜짝 놀랄 만큼 전혀 믿음 없는 자 같은 생각을 불쑥불쑥한다는 것입니다. 그럴 때마다 저 자신에 대한 당혹함과 민망함과 주님께 대한 죄송함을 이루 다 말할 수 없을 때가 있습니다. 마치 광야를 지나며 매일 만나와 메추라기를 먹는 기적 가운데 살면서도 그 기적이 매일 반복되니 기적을 일상으로 착각하는 어리석은 이스라엘 백성 같은 모습입니다.

그때마다 주님을 부르며, 나의 연약함을 고백하며, 영적 진보를 구합니다. 하지만 그때 주님의 물음을 들을 수 있었습니다. "너의 구하는 것이 무엇 때문이냐?" 겉으로는 주님께 더 나아가기를 원한다고 말하려 했지만, 주님이 제 마음의 중심을 보여주시기에 숨길 수 없는 진심을 토해놓았습니다. 그렇습니다. 부끄러운 이야기지만 '번거로워서'였습니다.

매 순간 더할 수 없이 믿음 없는 자의 모습에 부끄러웠고, 그래서 더 높은(?) 믿음을 얻게 되면 다시 그런 연약한 모습을 보이지 않을 것이고, 그럼 다시 주님 앞에 부끄러울 일도 없고, 다시 또 절절히 나락으로 떨어진 믿음을 끌어올리려 그 도우심을 구하는 일이 없어지는, (말하기조차 창피한) 번거로움으로부터의 해방 때문이었던 것입니다.

소위 도 닦는 믿음을 원했던 것입니다. 도 닦아 경지에 오르길 원했던 것입니다. 다시 떨어질 일 없는 그 고고한 허상을 구했던 것입니다. 떨어지고 오르고 다시 떨어지고 다시 올라가야 하는 이 지루한 번거로움이 싫었던 것입니다. 주님은 이런 나의 마음을 보여주시고, 그럼에도 불구하고 부끄러워 견딜 수 없는 저를 용납하시고 용기를 주십니다.

"괜찮아! 난 언제나 너의 옆에서 너를 도울 준비가 되어 있어."

때때로 도무지 성장하지 않는 것 같은 영적 상태에 답답해한 적이 많았습니다. 하지만 거기에 위험한 함정이 도사리고 있었습니다. 영적 거인이 되는 것보다 중요한 것은, 무엇 때문에 그렇게 되고 싶어 하는지, 그렇게 되었다고 착각했을 때 갖게 될 엄청난 교만의 말과 행동들에 대한 철저한 경계일 것입니다.

스스로 그렇게 되었다고 착각해서 저지를 죄 된 모습을 상상하면, 차라리 매일 넘어지고 주님께 울며 안기는 어린아이 같은 오늘이 더 소중함을 믿습니다. 돌아보면 조급함이 문제였습니다. 이 조급함을 버리길 간절히 소망합니다. 믿음은 내가 인식할 수 있는 속도로 자라는 식물과 같은 것이 아니기 때문입니다.✝

20

도구는 칭찬의 대상이 될 수 없습니다
20140722

때때로 기도 부탁을 해오는 사람들이 있을 때마다 간절한 마음으로 그 기도 제목을 놓고 기도를 하는데, 그러고 나서 얼마 지나지 않아 그 기도가 응답되었다고 감사의 인사를 전해옵니다.

개인적으로 기도를 부탁하고 개인적으로 응답에 대한 감사의 말을 전해 듣는 것은 괜찮은데, 문제는 공적인 자리에서 간증할 때 제 마음에 큰 부담이 됩니다. 나름대로 자신의 담임목사가 능력이 없진 않다고 자랑하고 싶은 것이겠지만, 직간접적으로 듣는 제겐 보통 견디기 어려운 일이 아닙니다.

이유는 한 가지, 내가 그렇지 못하기 때문입니다. 겉으로 보이는 것이야 얼마든지 미화할 수도 있겠다지만, 정작 내가 알고 있는 솔직한 나는 그렇지 못함을 잘 알기 때문에, 그런 소리를 들어야 할 때 느끼는 감정은 부끄러움으로 도무지 견딜 수 없을 지경입니다.

이 문제를 놓고 많은 시간 고민하기도 하고 합리화도 시켜보았습니다. 하지만 그것을 놓고 기도해보지 않았음을 깨닫고, 오늘 저녁 기도 시간에 구체적으로 기도했습니다. 답은 간단했습니다. 사람들로부터 인정받고 싶어 하는 욕구, 내가 능력이 많다는 착각, 착각이 장성하여 낳은 교만. 주님은 적나라하게 그렇게 정리해주셨습니다.

자비의 주님도 깨우치셔야 할 땐 단호하게 말씀하십니다. 그러면서도 기도하며 약간의 기대를 했던 게 사실입니다. '그래, 임목사야. 적어도 넌 다른 이보다 좀 나은 게 사실이야' 이런 달콤한 말씀을 듣고 싶었던 게 속마음이었지만, 주님은 그런 제 마음을 분명하게 보여주시며 책망하셨습니다.

"결코 아니라!"

오히려 매 순간 분을 내며, 욕심에 사로잡히고, 주님을 묵상치 못하는 나를 보이시며, 그런 내가 기도하는데 응답하시는 것은, 나의 기도의 능력이 아닌 기도를 요청하는 이의 간절함 때문임을 분명하게 말씀하셨습니다.

분명 나는 무익한 종일 뿐이었습니다. 도구는 당연히 할 일을 마친 후 상을 기대할 수 없는데, 왜 매 순간 잊고 사는지 모르겠습니다. 그러면서 그때마다 자신의 능력이라 착각하고 심지어 그 착각의 아들, 교만을 옷 입고 사는지 모르겠습니다. 그럼에도 불구하고 참으로 감사한 것은 왜 많은 믿음의 선배 중 마지막에 엇나감이 있는지 이해할 수 있게 되었고, '나는 그러지 말아야지'라는 각오를 새길 수 있게 되었습니다.

그래서인지 요즘 주님에 대한 갈급함이 절정에 이르렀습니다. 매 순간 목마르고 간절합니다. 한순간도 그 팽팽함을 놓고 싶지 않습니다. 그럴 때 누군가는 이렇게 말할 수 있을 것입니다. '왜 그렇게 매 순간 긴장되게 살아야 하는가? 좀 풀어줄 때도 있어야지 답답해서 어쩌는가?' 하지만 답은 간단합니다. 다리를 지탱하는 와이어는 느슨해지는 순간 무너집니다.

매일 더해지는 주님에 대한 이 간절한 갈급함, 이 긴장을 사랑할 수밖에 없음에 감사할 뿐입니다! 아멘! 그렇습니다!! †

2I

영원한 진짜 우리 집
20141224

몇 년 만에 고국에 방문한 아이들을 반기는 양가 조부모님들 곁에서 시간을 보내느라 한국에 온 기간 대부분의 시간을 시골에서 보내다가 오늘 다시 게스트하우스로 돌아왔습니다. 딸아이는 게스트하우스가 좋은가봅니다. 그도 그럴 것이 선교지에서 태어나 줄곧 교회 식당에 칸막이를 치고 살아오다가 현재는 교회 교육관 일부에 살고 있으니 제대로 갖춰진 집다운 공간에서 사는 건 이번이 처음이기 때문입니다.

훌륭한 공간임이 분명하지만, 익숙해져서는 안 될 공간입니다. 왜냐하면 선교지에 진짜 우리 집이 있기 때문입니다. 임시거처에 익숙해져서 정작 진짜 집에 가서 불편함을 느끼고 지난 공간을 그리워한다면 진짜 집에서의 삶이 불행해져버리게 될 것입니다. 임시거처에서 보낼 시간보다 진짜 집에서 보낼 시간이 비교할 수 없을 만큼 길기 때문입니다.

우리에겐 돌아가야 할 영원한 진짜 집이 있습니다. 이는 지금 우리 가정이 게스트하우스와 선교지에 있는 집을 비교하는 것과 비교할 수 없을 만큼 큰 차이가 있습니다. 영원한 우리 집은 그 크기나 지어진 건축자재 때문에 동경의 대상이 되는 것이 아니라, 우리 주님과의 완전한 동행의 삶이 있기 때문에 무엇보다 존귀합니다.

이 땅의 삶은 단지 영원한 천국에서의 삶이 낯설지 않도록 준비하고 연습하는 삶일 뿐입니다. 이 땅에 살며 영원한 삶에 대한 아무런 준비도, 연습도 하지 않으면, 우리가 영원한 나라에 들어서는 순간 영적인 이방인이요, 마치 도시에 처음 온 원시인 같을 것입니다.

천국의 삶은 온전한 주님과의 동행임을 믿습니다. 그러기에 이 땅에서 우리의 삶은 주님과 동행하는 삶에 대한 연습이 필요합니다. 막 걸음마를 시작한 아기에게 어느 부모가 뜀박질을 요구하겠습니까? 비록 속도가 느리더라도 주님은 우리의 삶 가운데 꾸준히 주님과 함께 걸으려는 우리의 노력을 기다려주실 것입니다.

이 시대에 사탄은 영원한 천국의 삶이 동경의 대상으로 느껴지지 않을 만큼, 이 땅에서의 삶에 대한 만족감을 심어주고 있습니다. 편안하고 안락한 삶, 부족함과 불편함이 없는 인생, 심지어 헌신과 수고 없이 쉽고 편안하게 때우려는 신앙에 대한 유혹이 이 시대를 향한 사탄의 전략일 것입니다.

영원한 천국을 바라는 삶, 그 천국에 들어가 주님과 함께 뛰려고 지금 이 땅에서 열심히 걸음마를 연습하는 삶, 때때로 넘어지고 지쳐 주저앉아 있어도 기다려주시며 응원해주시는 주님만을 바라보는 삶, 그것이 우리가 살아야 할 참 삶이고 매 순간 그렇게 살고 싶습니다.

아멘. 그렇습니다. 그렇게 살고 싶습니다. ✝

22

온전한 동화

20140922

"보 소 나씨쓰떼 아까 베르닷?"

vos sos naciste aca verdad?

(너 여기(파라과이)서 태어났지? 그렇지?)

오늘 들은 말입니다. 한국 공항에 도착하면 엄청나게 많은 한국 사람들을 보고 놀라곤 하는데, 이곳 원주민들 속에서는 그들과 있는 것이 자연스럽고 편안하게 느껴온 게 오래되어서 그런지, 사람들도 내가 얼굴은 한국 사람이지만 당연히 이 땅에서 태어나 자란 사람인 줄 압니다.

감사한 일입니다. 선교사가 현지화되는 것은 당연한 일이고, 완전하게 동화되었을 때 그들에게 전하는 나의 복음이 외국인이 전한 복음이 아니라 자신과 같은 이가 전하는 복음이 되는 것입니다. 처음 이곳에 왔을 때 유일한 외국인, 유일한 동양인으로 겪어야 했던 우여곡절은 셀 수 없을 지경입니다. 하지만 이들이 이제 더 이상 외국인으로 이방인으로 나를 인식하지 않음에 감사할 뿐입니다.

오래전에 들었던 말이 다시 생각납니다. 도둑이 들끓는 지역에 살면서 문을 열어놓고 살아도 도둑이 들지 않는다고 동네 사람들과 이야기할 때 그들이 해준 말입니다.

"빠쓰똘 보 소 누에쓰뜨라 아미고. 노 또까모스 꼬사 데 아미고."

pastor vos sos nuestra amigo. no tocamos cosa de amigo

(당신은 우리의 친구가 아니냐. 우린 친구의 것은 건드리지 않는다). †

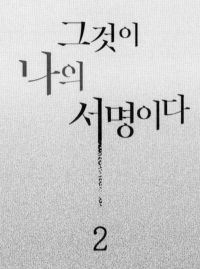

그것이 나의 서명이다

2

23

주님의 서명
20160829

일주일간 앓았던 몸살감기를 털고 일어났습니다. 올 초 두 번째 뎅기열에 걸렸을 때 눈이 많이 상했는데, 그 때문인지 이번 몸살감기 땐 그 어느 부분보다 눈이 매우 아파 계속해서 눈에 얼음을 올려놓아야 참을 수 있을 정도로 견디기 어려웠습니다.

처음엔 너무 불편하고 아파서 짜증이 나다가, 나중엔 그것이 심해져서 불만이 터져 나오기도 했습니다. 처음엔 육신이 약한 나 자신에 대한 불만이었는데, 그 정도가 심해지자 마치 이 일을 방치하시는 것 같은 주님에 대한 불만이었습니다. 내용은 정말 어린아이같이 간단하고 단순한 것이었습니다.

"왜 나에게 이런 고통을 주십니까?"

그 마음속엔 이런 생각도 들어 있었습니다.

"적어도 나 정도면 잘 해주셔야 되는 거 아닙니까? 내가 얼마나 헌신했는데요."

이 교만함을, 불만을 토로하는 그 순간에는 몰랐습니다. 하지만 주님은 잠잠히 나의 모든 투정을 다 들으시고 조용하게 내 마음에 손을 대셨습니다. 음성이 아닌 손길로 전해지는 그 마음은, "그것이 나의 서명이다"였습니다.

도장이 없는 이곳은 서명이 곧 그 사람을 상징합니다. 주님이 내 육신의 고통을 자신의 서명이라고 말씀하십니다. 그분을 위해 전적으로 드린 삶 가운데 새겨진 고통의 흔적들을, 주님은 당신의 서명이라고 말씀하십니다.

서명이 적힌 서류가 법적 효력이 있는 것처럼, 주님의 서명이 있는 인생은 천국에서 그 효력이 있음을 믿습니다. 비록 세상에선 인정받지 못하고, 심지어 무시와 조롱과 하찮게 여김을 받을지라도, 주님이 그것들을 인정하시고 친히 서명을 남겨주시면, 그것으로 됐습니다. 족합니다. 충분합니다.

그리고 이 부족한 내게, 그 거룩한 서명을 새겨주심에 감사합니다. 감사합니다. 주님.✝

24

더딘 이 한 걸음

20160128

풍토병이 지나고 나서 후유증 기간이라서인지 몸이 매우 좋지 않은 상태입니다. 이 병은 관절에 타격을 많이 주는데다가 지난번에 이어 두 번째라서 그런지 관절이 매우 아픕니다. 특별히 흐린 날이나 비 오는 날은 통증이 더 심해서 어떨 때는 눈물을 찔끔거릴 만큼 견디기 어렵기도 합니다. 겉으로는 아무렇지 않은 듯 지내지만 조금만 무리한다 싶으면 몸이 감당해내지 못함을 봅니다.

요즘은 오전에만 일하고 오후 늦게나 밤에는 아무것도 할 수 없을 만큼 골골대고 있습니다. 너무 적게 일하는 것 같아 자신에 대해 화가 날 정도로 견디기 어렵지만 어쩔 수 없는 상황 가운데 있습니다.

오래전에 그리스도의 고난을 생각하며 나에게도 그 흔적이 있길 소망한 적이 있었습니다. 믿음과 철이 없을 때라서 그게 근사해 보이기도 했지만, 돌아보면 그 말이 의미하는 바를 제대로 알지 못했을 때였습니다.

요즘 그런 생각을 해봅니다. 선교지에 나오지 않았다면 평생 겪지 못할 것을 두 번 겪고 있으니, 그 흉내는 내는 것 같다는 생각입니다. 절댓값으로 비교한다면야 백 분의 일도 되지 않겠지만, 믿음이 약한 나에게는 적지 않은 동질감을 느끼게 합니다. 그래서 이 고통을 겪고 있음이 다행이고 감사한 일이라 믿습니다.

고통과 아픔이 없는 기간에는 나와 주님과의 거리가 그만큼 멀다는 것을 누구보다 내가 잘 알기 때문에, 이 고통이 주님과의 거리를 좁힐 수 있는, 내가 더욱 주님을 바라볼 수 있는 계기가 된다면, 그것만으로 족하고 감사한 일입니다.

하지만, 가끔은 이런 고통이 아니고서도 주님과의 거리가 두 팔 안에 있길 소망할 때가 있습니다. 그럼에도 여전히 나에겐 그것이 아직은 아닌, 장차 오게 될 일이라는 것을 알기에 조급해하지 않습니다. 그것에 소망을 둡니다. '아직은 아니지만 반드시 오게 될 그 시간' 말입니다.

그러기에 아주 조금이나마 나아진 오늘을 감사합니다. 이 조금이 더해지고 날마다 보태지면, 언젠가는 주님을 얼굴과 얼굴을 대하여 보는 것같이 선명하게 마주하고 주님과 함께 웃을 날이 올 것을 믿습니다. 그렇기에 오늘도 더딘 이 한 걸음을 기뻐하고 감사하며 만족합니다. 손잡고 앞서가시지만 결코 재촉하지 않으시는 주님을 신뢰합니다.†

25
영적 내시경
20150113

건강검진을 다녀왔습니다. 선교지에서 몸 상태가 좋지 않아 한국에 가서 건강 검진할 때 '이상한 게 튀어나오면 어쩌지?' 하는 생각이 들어 조금은 가기 겁나는 걸음이었습니다. 하지만 다행히도 걱정했던 부분들이 작년과 크게 달라지지 않아 마음이 편했습니다.

건강검진을 할 때마다 느끼는 것은 몸 안을 들여다볼 수 있다는 것에 대한 신기함입니다. 그것이 내시경이든 초음파든 간에 평소 눈으로 볼 수 없는 몸 안의 상태를 볼 수 있다는 게 흥미로웠습니다. 하지만 따지고 보면 그건 늘 내가 품고 있는 내 안의 모습입니다. 늘 가지고 살지만 의식하지 않거나 보려고 노력하지 않으면 보이지 않는 모습들입니다. 그 안이 온전한지, 아니면 그렇지 않은지, 심지어 암세포 같은 것이 자라고 있는지 겉으로는 알 수 없는 노릇입니다.

평상시 멀쩡한 것처럼 생각하고 또 그렇게 살다가도 어느 날 우연히 한 검진에서 자신이 암세포를 키우며 살고 있었음을 발견할 수도 있습니다. 이는 단순히 육체만이 아닌 영적인 부분도 동일할 것입니다. 영적 내시경을 통해 들여다보지 않으면 알 수 없는 내 영적인 상태가 궁금하다면 그나마 괜찮은 수준일 것이나, 그것을 들여다본다는 것 자체가 두렵고 떨리는 일이라면 그 영적 상태의 참담함은 이루 말할 수 없을 것입니다.

종종 두렵습니다. 육체의 질병의 두려움보다, 내 안의 상태를 가장 잘 알고 계시는 참 의사이신 주님의 눈에 비친 내 영적 상태가 두렵습니다. 그럼에도 불구하고 오로지 기댈 것은 용납하시고 치유하시는 주님의 자비의 넉넉함뿐입니다.

오늘도 주님 앞에 섭니다. 내 안의 더럽고 추함이 감출 것 없이 드러날 것을 알기에 두려운 마음을 안고 섭니다. 그러나 내 심령이 더 없는 평강을 누리는 것은 주님의 치유하시는 은혜의 손길을 이미 기억하고 있기 때문입니다. 좋으신 주님, 당신의 손길이 참으로 좋습니다. ✝

26

조금만 더
20150316

새롭게 건축을 시작한 미씨온 빅또리아 싼 프란씨쓰꼬 지역에 교회 건축에 필요한 부분 중에 일부분을 가지고 갔습니다. 교회가 없는 파라과이의 전형적인 시골 마을인 이곳에서는 지난 4년여간 나무 밑에서, 처마 밑에서 예배를 드리다가 이제야 예배당 건축을 시작하였습니다. 가만히 생각해보면 이 일이 분명 주님이 보시기에 선한 일인데, 왜 주님은 이곳에 4년이 넘는 시간을 기도하며 기다리게 하셨는지 궁금했습니다.

주님의 마음을 다 헤아릴 수 없기에 정확히는 모르겠지만, 아마도 주님은 이곳의 기도를 더 듣기 원하셨던 것 같습니다. 또는 기도의 분량이 차기를 기다리셨던 것이라 믿습니다. 성도들도 지난 시간 동안 기도 응답에 더디신 주님을 원망하지 않고, 오히려 주님에 대한 믿음과 기대가 더 견고하고 충만하여져서 이 시작됨의 시간이 더욱 기쁘고 복됨을 보게 된 것입니다.

때때로 아니 종종 우리는 외칩니다. "주님! 언제까지입니까? 도대체 얼마나 더입니까?" 하지만 분명한 것은 그 물음에 대한 응답은 분명히 있을 것이고, 그때에는 조금 더 기다리며 기도하지 못한 것이 부끄러울 것입니다. 물론 주님은 우리를 부끄럽게 만드시려고 우리의 기도에 더디 응답하시는 것은 아닙니다.

주님은 더 듣고 싶어 하시고, 더 채워지길 원하시고, 그럼으로 말미암아 우리의 기쁨과 감사를 극대화시켜주기 원하십니다. 실망하지 말고 낙심하지 않으며, 조금 더 기도해야 합니다. '조금만, 조금만 더'이면 됩니다. ✝

27

주님에게 나는 무슨 존재입니까?

20150421

선교사가 가장 많은 시간을 들여서 하는 일은 운전입니다. 이 곳저곳 다니다보면 늦어져 밤에 운전해야 하는 일들이 많습니다. 익숙한 길을 다니는 건 문제가 없는데, 밤에 새로운 길을 가는 것은 매우 어려운 일입니다.

인적이 없는 들판이나 정글을 헤치고 달리다보면 정말 칠흑같이 어둡다는 말이 실감 납니다. 가능한 한 빨리 인적이 있는 곳을 찾아 이동해야 합니다. 그렇지 않으면 밤새 비슷한 곳을 헤맬 수 있고, 길이 강가에서 끝나면(다리가 없어 줄에 매단 뗏목에 차를 실어 옮기는데 밤에는 일하지 않으므로) 밤새 노숙을 해야 하기 때문입니다. 무엇보다 길에서 자다가 강도를 만나면 손을 쓸 수 없기에 더 문제가 됩니다.

그런데 어두운 밤에 차를 몰고 가다 만나면 가장 반가운 존재가 있습니다. 그것은 다름 아닌 '개'입니다. 개가 있다는 것은 인근에 사람이 산다는 것이고, 그것은 곧 멀지 않은 곳에 마을이 있다는 것입니다. 또한 공동묘지도 마을 외곽에 있기에 무덤이 있다는 것도 마을이 가깝다는 뜻이기도 합니다.

반대로 만났을 때 가장 무서운 것은 그렇기 찾아 헤맨 '사람' 입니다. 마을은 반가우나, 밤에 길에서 사람을 만나면 둘 중 하나 이기 때문입니다. 길을 잃은 사람 또는 강도. 그래서 밤에 누가 길에서 손을 들고 태워달라고 하면 엄청난 갈등이 생깁니다.

사람이 사는 마을을 찾아가다가 만난 사람이 제일 무섭고, 반 대로 개가 제일 반갑다는 것이 참으로 아이러니합니다. 반가워야 할 존재가 실상은 반가운 존재가 아니고, 오히려 보잘것없는 존 재가 되레 반가운 존재가 되는 것처럼 우리도 누군가에겐 둘 중 하나의 존재로 인식될 것입니다. 모든 사람에게 반가운 존재일 수 없겠지만, 적어도 반갑지 않은, 정말 마주치기 싫은 존재로 기 억된다면 그것은 매우 슬픈 일일 것입니다.

오늘도 장거리 운전을 하며 곰곰이 생각해보았습니다. '나는 어떤 존재인가? 반가운 존재인가? 마주치기도 싫은 존재인가? 무엇보다 주님에게 나는 어떤 존재인가?' ✝

28

옮겨짐의 은혜
20150429

키우는 개가 새끼를 낳았습니다. 만삭의 몸으로 힘겹게 벽돌 담 밑에 굴을 파더니 그곳에 13마리의 새끼를 낳았습니다. 굴을 파내느라, 그리고 좁은 굴에서 웅크리며 새끼를 건사하느라 등이 엄청나게 까지고 상처가 깊은데도 아랑곳하지 않고 정성을 다해 새끼들을 돌봅니다. 그동안 낳은 새끼들이 다 죽었었기에 이 녀석들도 살아나지 못하리라 생각했던 것과 달리 11마리가 건강하게 자라고 있습니다.

무엇보다 그것이 가능했던 것은 어미의 헌신적인 사랑이 있었기 때문입니다. 눈을 뜨지 못한 새끼들은 어미가 곁에 오면 냄새로 아는 듯 필사적으로 기어갑니다. 하지만 태어날 때부터 각자 크기가 달랐고 그중 두어 마리는 자기보다 큰 형제에게 치여 젖을 제대로 물지 못합니다. 그러면 먼저 그 녀석들에게 어미젖을 물리고 그다음에 다른 녀석들을 옮겨놓습니다.

우리도 우리의 연약함으로 인해 주님께 나아가지 못하고 제자리에서 맴돌 때가 많습니다. 그럴 때마다 우리의 연약함을 아시는 성령님의 인도하심으로 우리는 주님 앞으로 옮겨지는 은혜를 얻습니다. 그런데도 우리는 종종 우리 힘으로 주님께 나아갔다고 착각할 때가 많습니다. 눈도 뜨지 못한 여리디여린 강아지들을 바라보는 눈빛이 우리를 바라보시는 주님의 눈빛과 어쩌면 닮았을지도 모르겠습니다.

그렇다면 감사한 것은, 여린 강아지의 향방 없음과 제 앞가림도 힘들어하는 모습을 보며 오히려 긍휼한 마음이 드는 나처럼, 주님도 우리의 연약함을 정죄하지 않으시고, 오히려 충만한 자비하심으로 채우시고, 일으켜 세우시며 새 힘을 불어넣어주실 것이기 때문입니다.

그렇습니다. 주님. 여린 나를 긍휼히 보시고 일으켜 세워주소서. 아멘.✝

29

그 마음을 찬양합니다
20150626

    다음주 월요일에 선교팀이 옵니다. 한 주간의 사역을 위해 오는 데만 세 번 비행기를 타고 36시간을 비행기와 공항에서 보내야 합니다. 그런데 일기 예보가 온통 비 소식입니다. 여기저기 알아봐도 같은 소식뿐입니다.

    비가 오면 길이 펄이 되기에 학교도 휴교하는데 그런 지역에서 사람들을 불러 모아 사역을 한다는 것은 불가능한 일입니다. 산이 없어서인지 일기 예보가 거의 틀리지 않기 때문에 마음이 타들어가기 시작했습니다. 기도가 정말 절로 되지 않을 수 없습니다.

    그런데 기도하는 마음 가운데 주님의 마음이 들렸습니다.

    "넌 왜 그렇게 애걸복걸하니?"

    조금 의아했습니다.

    "주님, 아시잖습니까? 선교팀이 오는데 비가 오면 사역을 할 수 없잖아요"

    "그런데?"

"이 선교팀의 사역을 위해 얼마나 많이 기도했고, 주님도 그 기도를 받으셨고 크게 역사해주기로 약속하셨잖아요. 또 들인 재정이 얼마이며 오고 가는 그 수고가 얼마나 대단한데요. 하지만 비가 오면 이 모든 게 불가능해지는데요?"

한참을 거의 외치다시피 항의 아닌 항의를 드렸습니다. 그 소리를 다 들으신 주님은 말씀하셨습니다.

"넌 왜 꼭 일을 해야만 이번 선교팀의 사역을 내가 받는다고 생각하지? 난 그들이 이 땅에 와서 이 땅을 향한 내 마음을 발견하고, 또 이 땅을 위해 그들의 마음을 쏟아놓고 가는 것만으로도 기뻐할 텐데. 넌 항상 '일'이 네 생각의 중심을 차지하고 있어. 그리고 넌 왜 내가 네 기도만 들어야 한다고 생각하지? 누군가 그 비를 간절히 원하는 이의 기도엔 내가 귀를 막아야 하니?"

마음에 '쿵' 하고 큰 울림이 있었습니다. 누군가 그 비를 간절히 원하는 자의 기도 또한 들으시는 주님을 생각하지 않은 것입니다. 아니 솔직히 '내 기도만 들어야 하는 주님'으로만 생각했던 것입니다. 주님은, 내가 주님을 찾는 것은 오직 내가 벌인 '일'에 문제가 있을 때만, 그리고 그 문제를 해결해달라고만 떼를 썼던 것뿐이었음을 알게 해주셨습니다.

주님은 우리가 하는 일보다 주님과의 친밀한 관계를 더욱 중요하게 생각하심을 다시 한번 깨닫습니다. 비록 선교팀이 와서 일을 전혀 하지 못하고 간다 하더라도 이 땅에서 이 땅을 향한 주님의 마음을 바라보고, 그 마음에 동감하고, 그 마음의 계획이 이루어짐을 위해 간절히 소망하고, 그 계획을 이루실 주님을 찬양하고만 돌아가도 주님은 기뻐하실 것임을 믿습니다.

그렇습니다. 주님. 그 마음을 찬양합니다. 아멘. 그렇습니다. ✝

30

참 살아 있음의 삶

20150915

한 달 가까이 숲에 들어가 교회 건축을 위해 나무를 잘라서, 그 자리에서 켤 수 있는 것은 켜고, 제재소로 가져갈 것은 가져가서 기계로 켜서, 나무 창고에 잘 쌓아 말리고 있습니다. 이렇게 1년에서 2년을 말리면 많은 교회 건축에 유용하게 사용할 수 있습니다.

숲에 수많은 종류의 나무가 있지만 사용되는 것은 몇 종류에 지나지 않습니다. 대부분 매우 단단하거나, 가벼우면서도 약하지 않고, 결과 무늬가 좋은 나무를 사용합니다. 어떤 나무는 너무 단단해서 잘 말리면 못을 망치로 박을 수 없어 드릴로 뚫은 후 끼워 넣어야 할 정도의 나무도 있습니다.

그런데 이 나무들도 살아 있는 나무일 때는 다른 나무와 크게 차이가 나지 않습니다. 살아 있을 때는 그리 단단하지 않은데, 죽어서 마르면 돌처럼 단단해지는 것입니다. 생명이 끊기고 뿌리로부터 물이 공급되지 않아 말라버리면 말할 수 없이 단단해지는 것이 마치 우리의 영혼과 같아 보였습니다. 주님과의 관계가 단절되고 아무런 영적 양식을 공급받지 못하면 우리 생각도, 마음도, 삶도, 영혼도 세상 어떤 돌보다 단단하게 굳어져버립니다. 그렇지 않을 땐 마치 솜사탕처럼 부드럽던 것이라고는 믿을 수 없을 정도로 말입니다.

금방 밑동을 자른 나무는 세워놓으면 마치 살아 있는 나무 같아 보입니다. 하지만 이미 단절된 나무는 살아 있어 보이나 실상은 이미 굳어져 가고 있는 것뿐입니다. 육신의 화려함으로 치장하고 있다고 하나 영혼이 주님과 단절되면 우리도 이미 굳어져 갈 뿐입니다. 더욱 경계하고 경계하는 것은 이미 굳어져 가면서도 마치 살아 있는 것처럼 위장하는 위선이 내 안에 자리 잡지 못하게 하는 것입니다. 매 순간 깨어있어 내 영혼의 상태를 살피고, 내 영혼의 밑동에 사탄의 도끼가 놓여 있으면 부르짖어 주님의 도우심을 구하고, 주님으로부터 매 순간 거룩한 양분을 공급받아 거짓 살아 있음이 아닌 참 살아 있음의 삶을 살기를 소망합니다.

때론 순간의 방심으로 영혼에 도끼질을 당하여 힘들고 괴로울 때가 있을지라도, 죄를 지었다는 수치심 때문에 주님 앞에 감추고, 멀쩡한 것처럼 위선자로 살지 않고, 어린아이처럼 울며 상처를 드러내, 말라져 가는 내 영혼에 성령의 수액을 맞길 소망합니다.

그렇습니다. 살아 있음은 부드러운 내 영혼이 증명해줄 것입니다. 굳어지고 거친 돌밭이 아니라 소나기를 흠뻑 맞은 옥토로 살길 소망합니다. 아멘. 그렇습니다.✝

31

주님이 가르쳐주시는 때

20150921

불과 며칠 전에는 아침 기온이 올해 들어 가장 낮았다는 것을 믿을 수 없을 정도로 며칠째 계속되는 폭염 때문에 일하는 데 어려움이 있습니다. 통상적으로 10월까지는 그렇게 덥지 않아서 그때까지 맞춰서 강도 있는 육체노동을 하려고 1년 계획을 짜놓고 일해 왔는데, 올해는 전혀 춥지 않던 겨울이 예고한 대로 폭염이 맹위를 떨칠 준비를 단단히 했는지 벌써 심상치 않아서, 계획에 차질이 조금 생길 것 같습니다. 물론 한 여름에도 계속해서 일할 수 있으나, 열사병으로 여러 번 쓰러져 입원한 이후로는 융통성 있게 몸을 사용하려고 하기 때문에 한창 더울 때는 요령을 부리기도 합니다.

생각해보면 모든 일에 때가 있음을 발견합니다. 그때가 어느 때인지 구분할 수 있는 기준은, 그것을 하는 것이 다른 어느 때보다 자연스러울 때입니다. 아기에겐 노동보다는 먹고 자며 울고 노는 것이 가장 자연스럽기에 그것이 아기에게 맞는 때이고, 공부하는 것이 가장 자연스러운 학생의 때, 가정의 생계유지와 자아실현을 위한 청장년의 노동의 때, 인생의 황혼에 삶을 되돌아보며 안식하는 노년의 때가 있듯이 말입니다.

마찬가지로 영혼에도 때가 있음을 발견합니다. 다메섹에서 예수님을 만난 바울도 고향에서 13년을 자신의 때를 기도하며 기다린 후 마침내 그의 때에 주님의 거룩한 도구로 쓰임 받았듯이 우리에게도 매 순간 그에 맞는 영적인 다른 모양의 때가 있음을 생각해봅니다. 기도할 때, 전도할 때, 섬길 때, 가르칠 때가 있을 것인데, 그때마다 내가 무엇을 해야 할 때인지를 바로 알고 순종하길 원합니다.

가장 안타까운 삶은 때에 맞지 않는 엉뚱한 일로 귀한 시간을 다 사용해버리고, 지나고 나서 그때가 그때가 아니었다고 후회하는 삶일 것입니다. 간절히 바라기는 매 순간 그때를 분명히 알기 원하는 것입니다. 돌아보면 영적 등대이신 주님은 항상 내 갈 방향을 너무나도 분명하게 가르쳐주시고 계셨음에도, 내 열심과 주관적인 판단으로 달려가다 넘어져서야 그 주님의 지시등을 본 적이 많았습니다.

그렇기 때문에 여전히, 어쩌면 영원히 부족할 수밖에 없는 나이기에 오늘도 주님을 바라봅니다. 그것은 나의 무능력에 대한 변명이 아니라 유일한 방법이기 때문입니다. †

32

성령님, 내 안의 가장 완전한 경계병

20151006

산에서 일하다보면 힘든 것 중에 하나가 개미입니다. 한국에서는 보잘것없어 보이던 개미도 이곳에선 절대 무시할 수 없는 강자입니다. 얼마 전 세계에서 가장 위험한 개미 10종류를 보여준 사진이 있었는데, 안타깝게도 4종류가 이곳에 살고 있는 것 중에서 내가 아는 종류였고, 더 안타까운 것은 그들의 위력을 체험해 보았다는 것입니다. 물리면 단순히 따가운 정도가 아니라 물린 부위를 붙잡고 적어도 10분은 꼼짝 못하고 덜덜거려야 하는 것도 있습니다. 게다가 특성상 개미는 절대 혼자서 다니지 않는다는 것이 문제입니다. 벌에 쏘인 것보다도 아픈 녀석들이 떼로 달라붙을 땐 식은땀이 절로 흐릅니다.

그중에서 특별히 두려운 종류가 있는데, 놀랍게도 그 크기가 정말 작아서 얼핏 보기에 보이지 않을 때도 있습니다. 색깔도 오렌지색이라 모여 있으면 심지어 귀엽기까지 하지만, 이 개미에 물려본 사람이라면 진저리를 칠 것입니다. 작고 보잘것없지만, 그 안에서 보이지도 않을 정도의 미량의 독이 주입되면 견딜 수 없는 통증과 가려움이 하루 종일 온몸을 지배합니다.

'보이지 않을 정도의 작은 혹은 적은' 이 말이 중요하고 무섭습니다. 우리를 무너트리는 것은 대번 눈에 띄는 크고 화려한 것이 아니라, 눈에 보이지도 않고, 심지어 느껴지지도 않을 그 '작고 적은 것'에 있다는 것입니다. 주의를 기울이며 살펴 걷지 않으면 어느새 타고 올라와 견딜 수 없는 통증을 주는 개미처럼, 일상 가운데 깨어 경계하지 않으면 죄의 침투는 어느새 내 영혼에 치명적인 독소를 주입할 것입니다. 어떻게 매번 그 긴장감을 유지할 수 있느냐고 항변할 수밖에 없는 우리를 향한 주님의 도우심은 우리에게 성령님을 보내주시어 그분의 영적 레이더를 항상 가동시켜주시는 은혜임을 믿습니다. 그렇기에 더욱 주님을 신뢰하고 의지합니다. 부주의함에 빠지지 않기 위해 더욱 주님을 바라보고 갈망합니다.

그렇습니다. 그 주님과의 동행이 기쁨입니다. 때때로 죄의 길에 헛디뎌 더러워진 우리의 영적 가죽옷을 당신의 피로 세탁하시는 주님이 계심이 나의 유일한 자랑입니다. 처음 죄의 날 아담을 위해 눈물로 지으셨던 그 옷을 말입니다. †

33

무너진 그 자리에서 그 즉시, 쉬지 않으시는 주님
20151015

돌풍이 부는 날이라 일하면서도 불안 불안하더니 결국 사고가 터지고 말았습니다. 벽돌을 꼭대기까지 다 쌓아놓은 가장 긴 벽면이 바람을 이기지 못하고 그대로 무너져버렸습니다. 열흘 가까이 되약볕 아래 공들여 쌓은 수고가 다 수포로 돌아가버린 것입니다. 은근히 부아가 치밀어 올라 옆에 있던 애꿎은 흰개미 탑을 걷어차며 화풀이를 해보기도 했습니다. 들인 시간과 비용이 아까워서이기도 하지만 다시 같은 일을 반복해야 한다는 것에 짜증이 나기도 했기 때문이었습니다.

하지만 걷어차인 흰개미 탑의 개미들은 그런 화풀이의 시간이 필요하지 않은지, 망가진 즉시 보수 공사를 시작하는 것을 보았습니다. 흰개미한테 미안하기도 하거니와 이 상황을 망설임 없이 해결해 나가는 모습에 며칠의 수고를 보상받을 수 있는 깊은 깨우침을 얻을 수 있어 경외감을 가지고 바라보았습니다.

'망가진 그 즉시' 마치 성경의 삼손이 머리가 밀린 그 즉시부터 새로운 머리카락이 자라기 시작한 것처럼, 무너진 우리 삶의 고난의 현장에서도 도우시는 주님의 손길은 잠시도 주저하지 않으심을 믿습니다. 비록 우리는 절망 가운데 낙심하여 주저앉아 있을지언정, 주님은 그 순간에도 쉬지 않으시고 일하시는 것을 믿습니다.

무너진 그 자리에서 다시 일어서야 합니다. 상처 난 그 순간부터, 그 즉시 회복이 시작되고 있기 때문입니다. 우리에게 희망이 있다는 것은 우리 가운데 고난이 절대 닥치지 않는다는 것이 아니라, 그 고난의 순간에, 무너진 그 자리, 그곳으로부터, 바로 그 순간부터 주님은 우리를 회복시키신다는 것입니다. 그 주님을 신뢰하고, 그 주님을 바라봅니다.

아멘. 그렇습니다. 오직 그 주님을 바라봅니다.✝

34

성령의 검, 내 안에서 춤추시옵소서

0151022

    교회 건축을 위해 사용되는 나무들은 적어도 2년 이상 잘 말린 것들을 사용합니다. 따라서 계속되는 건축을 위해 지속적으로 나무를 구하고 필요에 따라 자르고 켜서 나무 창고에 들여놓는 것이 사역의 한 부분입니다. 어떤 나무들은 너무 단단해서 잘 마르면 자르거나 다듬는 것이 매우 힘들어 마르기 전에 미리 원하는 치수로 잘라놓아야만 합니다. 그러기 위해서 나무들을 싣고 제재소를 가는데, 어떤 나무들은 너무 크고 무거워 한두 개의 통나무로 트럭이 꽉 차기도 합니다.

    싣고 내리는 것도 큰일이어서 도르래와 지렛대를 이용해 여러 명이 달려들어 오랫동안 씨름해야 겨우 싣고 내릴 수가 있습니다. 그렇게 제재소에 싣고 가 원하는 치수로 잘라놓으면 거뜬히 들 수 있는 정도가 됩니다. 그 큰 나무도 잘게 잘라놓으면 더 이상 옮기는 것이 문제가 되지 않는 것입니다.

    우리도 종종 '내 안에 내가 너무 많아서' 그 엄청난 자아들이 뭉쳐져 고집스럽게 똬리를 틀고 있어서 우리 자신도 어찌할 수 없는 존재로 느껴질 때가 많습니다. 그것이 욕심이든, 미움이든, 교만이든, 절망이든 각기 다른 이름의 그것들이 오래 묵은 체증처럼 우리 영혼의 통로를 틀어막아 주님과 나와의 교통을 불가능하게 만들어버려, 나도 주님도 쩔쩔매게 만들 때가 적지 않게 있었습니다.

깨져야 합니다. 잘리고, 부서지고, 분해되어서, 나를 짓누르고 주님과의 교제를 막는 모든 거리낌이 사라져야 합니다. 거대한 통나무가 잘리고 다듬어져 유용하게 사용되듯 내 안에 막힌 모든 것들이 깨어지고 무너져 주님이 사용하시기에 최적화된 옥토가 되어야 합니다.

제재소의 거대한 톱을 바라보며 내 안에 막힌 모든 것들을 자르고 깨트릴 거룩한 주님의 검을 떠올려보았습니다. 성경에 하나님의 말씀을 성령의 검이라 부른 이유가 얼마나 적절한지 깨닫게 되었습니다. 그 거룩한 검으로 내 영혼에 더러운 뿌리를 내린 모든 것들의 근원을 잘라버리고, 삶 가운데 맺혀지고 누적된 모든 더러운 것들을 깨트릴 수 있는 것은 오직 그 성령의 검밖에 없음을 믿습니다.

그렇습니다. 날마다 순간마다 그 검이 내 안에서 춤을 추어야 합니다. 그 성령의 신바람 나는 춤사위가 나를 날마다 새롭게 할 것입니다. 아멘. 날마다 새롭길 원합니다.

35

매 순간 주님의 임재를 간구하며 살게 하소서

20151124

올해 마지막으로 건축할 두 곳의 교회를 위해 장비를 싣고 가서 내리고 필요한 모든 자재를 마련해 팀들에게 맡기고 왔습니다. 가면서 차가 이상해 도착해서 확인하니 운전석 쪽 앞바퀴가 많이 기울어져 있는 게 보여서 차를 들어보니 바퀴 축과 조향장치를 연결하는 쇠막대가 덜렁거리며 빠지려고 했습니다.

내일 일이 많아 오늘 꼭 돌아와야 했기에 이 상태로 돌아갈 수 있느냐는 질문에 300킬로미터나 떨어진 그곳에서 집까지 돌아가는 건 너무 위험하다고 했습니다. 그럼 수리하려면 얼마나 드느냐고 했더니 가진 돈보다 터무니없이 많은 액수를 불러서 시간이 없다는 핑계로 나와 돌아오는 길에 들어섰습니다.

돌아오는 300킬로미터가 이렇게 길고 힘들었는지 전에는 경험하지 못한 아슬아슬한 시간이었습니다. 오는 내내 기도하면서 그런 생각이 들었습니다. '내가 언제 이렇게 운전하는 내내 기도하며 주님의 도우심을 간구하고 바라본 적이 있었던가?'

멀쩡한 차를 타고 기도 없이 룰루랄라 다니던 것과, 덜덜거리

는 차를 타고 기도하며 가는 것 중에 어느 것을 주님이 좋아하실
지 생각해보았습니다. 후자를 좋아하실 것임을 알지만, 전자가
되고 싶어 하는 저 자신의 믿음 없음이 한없이 부끄럽습니다. ✝

36

참 기쁨

20151213

3일 동안 진행된 특별집회가 오늘로 마무리되었습니다. 첫날은 청년 헌신예배로, 둘째 날은 여선교회 헌신예배로, 마지막은 주일로 드렸습니다. 오늘은 특별한 제목이 붙지 않은 날이고 낮에 많은 비가 내려 생각보다 적은 수의 사람이 예배에 참석했습니다. 예배를 시작하기 전 습관적으로 머릿수를 확인하는 버릇이 생긴 것은 무척이나 오래된 것 같습니다. 특별히 몇 달 전 교인들 간의 불화, 교인들과 부사역자와의 오해, 결정적으로 찬양사역자의 범죄로 인해 많은 수의 성도가 예배에 나오지 않고 나서부터 더 심해진 것을 느낍니다.

오늘도 예배 시작 전 두리번거리는데, 주님이 제 마음을 크게 치시며 말씀하셨습니다.

"오늘도 두리번거리는구나. 누구를 그렇게 기다리고 찾고 있니?"

"주님, 보십시오. 빈자리가 너무 많습니다."

"그 빈자리를 왜 걱정하니?"

"모든 자리가 꽉 차야 예배 분위기도 삽니다. 빈자리가 많으면 사람들이 집중하지 않습니다."

"난 네가 걱정하는 것보다 네가 먼저, 오직 네가 내게 집중하길 원한다."

그리고 이어서 주시는 말씀이, "넌 사람들이 이 예배를 위해 많은 것을 준비한 것이 눈에 보이지? 하지만 그들보다 내가 더 많이, 내가 더 먼저, 이 예배를 받고 또 나눠주려고 준비했단다. 나는 네가 이 예배의 완성도에 신경 쓰느라 내가 네게 준비한 선물을 받지 못할까봐 걱정이란다."

그동안 주님은 오직 예배를 받으시는 분이시라고만 생각했지, 그 주님이 오히려 더 많이, 더 먼저, 더 풍성하게 이 예배를 준비하셨다고 생각해보지 못했습니다. 이 마음이 전해지자 방금 전까지 마음에 가득했던 모든 걱정과 생각들이 금세 다 사라져버리고 예배 가운데 임재하시고, 가장 좋은 것으로 가득 준비하시고 나누시길 시작하시는 그분의 마음이 내게 전해져 누구보다 기쁨이 충만한 예배를 드릴 수 있었습니다.

예배가 기쁘지 않으면 삶이 기쁠 수 없음을 봅니다. 예배를 때우고, 심지어 예배를 견디고 나서 일상으로 돌아가 세상의 것으로 기쁨을 구할 때 얻을 수 있는 것은 참 기쁨이 아니라 거짓 기쁨임이 분명합니다. 예배 가운데 참 기쁨을 얻지 못하면 메마른 영혼은 필연적으로 다른 것을 기웃거리게 될 것이고, 닫힌 눈은

참과 거짓을 구분하지 못하고 영원히 목마를 것에 우리의 삶을 지불할 것입니다. 간절히 소망합니다. 지금 내게 가득한 이 기쁨이 매 순간 사라지지 않길 소망합니다.

예배의 마지막에 내 안에 가득했던 주님의 음성이 생생합니다.

"참된 기적은 이 예배가 끝나는 순간부터 네 삶에서 시작될 거야. 바로 지금부터!" †

37

주님과의 굳건한 연합을 소망합니다
20151221

센터교회와 그 옆에 사는 우리 집은 380볼트 삼선 전기를 사용하고 있습니다. 파라과이는 세계적인 댐으로 인해 전기 생산이 넘쳐나는데도, 기반시설의 열악하여 자주 전기가 나가거나 삼선 중 일부만 들어오곤 합니다. 그럴 땐 선을 확인하고 들어오는 선에 필요한 선을 물려서 함께 사용하는데, 얼마 전부터 선을 물리면 전체 전기가 모두 떨어집니다.

선들을 모두 확인해보았지만 보이는 부분에는 문제가 없었습니다. 문제가 되는 것은 보이지 않는 땅에 묻혀 있거나 벽을 통과하는 부분임이 틀림없어 보입니다. 그렇다고 일일이 땅을 다 파보기도 힘들고 더군다나 벽을 통과하는 선을 보는 것은 더 어려운 일입니다.

예상되는 문제의 원인은 계속되는 비로 인해 접선 부분에 물기가 들어가 합선이 되거나, 동물들이 갉아서 노출된 선이 합선되었을 경우입니다. 급한 대로 중앙에서 선을 하나 따와서 멀티탭을 거미줄처럼 연결해서 전기가 꼭 필요한 냉장고 등에 공급하고 있습니다. 그나마 다행인 것은 중앙에서 가까운 교회는 전기에 문제가 없어 예배에 지장이 없다는 것입니다.

전기로 골머리를 썩이며 '제대로 정확한 선에 연결되어 있어야 하고, 이 선 저 선 다 연결하지 않고 오직 한 선에만 연결된 것의 중요성'을 생각해보았습니다. 제대로 연결되어 있지 않으면 에너지를 얻을 수 없을 뿐만 아니라, 그 틈으로 물기가 들어와 결국 누전이나 합선이 되어버리고, 전기가 좋다고 이 선 저 선 다 끌어와 붙여버리면 결국 합선으로 타버리는 것을 보며 비단 전기뿐만 아니라 우리의 삶도 이와 같음을 봅니다.

주님과의 미적지근한 연합은 결국 능력을 온전하게 공급받지도 못하고, 굳건하지 못한 연결의 틈으로 매 순간 돌진해오는 죄의 파상공세를 막아내지 못함을 봅니다. 또한 진리에 대한 확실한 선택 없이 이곳저곳을 기웃거리며 발을 들였다 뺐다를 반복하는 것은 결국, 이도 저도 아닌 아무것도 얻지 못하고 삶의 시간만 허비할 뿐입니다. 이곳이 좋다, 저곳이 좋다 하여 나무를 이리 심고 얼마 지나지 않아 뽑아서 저리 심으면 결국 나무는 자라지 못하고 죽어버리고 마는 것처럼 말입니다.

올 한 해를 돌아봅니다. '나는 누구와 연결되어 있는가? 그 연합은 굳건한가? 나는 오직 그분만을 바라보고 있는가? 아니면 여전히 이곳저곳을 두리번거리고 있는가?' ✝

38

우는 자와 함께 울게 하소서
20160114

거의 열흘 가까이 열병으로 고생하다가 이제 좀 괜찮아져서 이번 주간은 그동안 밀렸던 일을 시작할 수 있어 감사합니다. 오늘은 오후에 비가 많이 와서 일찍 일을 마무리하고 이렇게 글을 쓸 수 있음에 또한 감사합니다. 뎅기열병은 한 번 걸리고 나아도 면역이 생기지 않는다고 하고, 두 번째 걸렸을 때 더 위험하다고 하는데, 다행히도 이번에는 지난번과 비교할 수 없이 가벼웠습니다. 물론 그 가벼움도 한국에서 겪었던 그 어떤 몸살감기보다 몇 배나 어렵긴 합니다.

예년보다 엄청나게 많이 내린 비와 높은 습도와 환경으로 모기가 많이 생겨났고, 이로 인해 열병이 통과의례처럼 거의 모든 가정을 휩쓸고 지나갔습니다. 그나마 다행인 것은 이번엔 사망자가 매우 적었다는 것입니다. 병상 가운데 감사의 기도를 올릴 수 있었던 것은, 이 일을 저 또한 겪음으로 성도들의 아픔에 동참할 수 있고, 그 고통을 이해하고 위로할 수 있었기 때문입니다.

성도들의 삶의 문제와 고통의 이유를 분석하여 답을 제시(강요)하고, 때로는 지적하고, 훈계하는 목자가 아니라, 동일한 고통의 문제에 함께 울고 위로하는 목자가 되길 다시 한번 더 다짐했습니다. 나 역시, 아니 더 심각하게, 문제 많고 위로가 필요한 한 인간임을 알기 때문입니다. ✝

39

배어듦, 스며듦

2016O117

  면허 시험장이 없어서인지는 몰라도 돈만 내고 면허증을 신청해도 바로 내주는 파라과이 사람들은 운전을 영화로 배워서인지, 그 다이내믹함을 이루 다 말할 수 없는 지경입니다. 유일한 해결 방안은 순간적으로 일어날 수 있는 위험 상황에 반사적으로 대처할 수 있는 몸에 배어 있는 방어운전뿐입니다. 생각할 시간조차 아까울 정도로 빠른 반응속도만이 사고가 나지 않을 거의 유일한 방법입니다.

  종종 운전하면서 그런 생각을 해봅니다. 내 몸이 위험한 상황 가운데서 무조건적으로 순식간에 반응하는 것처럼 내 영혼도 모든 상황 가운데 무조건적으로 주님을 바라보는 '영적 반사 신경'으로 충만하면 얼마나 좋을까 하고 말입니다. 돌아보면 늘 한 박자 늦은 더딘 영적 반응을 보여 왔음을 시간이 지나고 나서 후회해왔기 때문입니다.

  그런 면에서 늘 나는 나 자신에 대해 실망합니다. 속된 말로 도 닦는 사람도 이만큼의 시간을 살아왔으면 어느 정도 경지에 올

랐을 텐데, 난 여전히 모든 상황 가운데 반사적으로 주님을 바라보는 눈이 바로 주님께 고정되지 못했기 때문입니다. 의식적으로 노력하고, 생각하고, 심지어 결심해야만 주님을 바라보는 나 자신이 한없이 부끄럽고 한심해 보이기까지 합니다. '왜 무조건적으로, 반사적으로 주님을 향해 내 모든 감각이 고정되지 못하는가?' 하는 생각은 때론 안타까움을 넘어 절망스럽기까지 합니다.

이유는 한 가지, 몸에 배어 있지 않기 때문이라 믿습니다. 운전하며 순간적으로 위험에서 벗어나기 위한 반사 신경 정도로 몸에 배어 있지 못하기 때문에 영적 위기 가운데 오직 주님만 반사적으로 바라보지 못하고 허둥대고, 심지어 다른 해결을 찾으러 두리번거리기까지 합니다. 오직 한 가지 간구하는 것은 주님을 바라봄이 의도적으로 노력해서 되는 것이 아니라 마치 물고기가 물속에서 살기 때문에 물을 이질적으로 느끼지 않고 자연스러운 자신의 일부로 느끼듯이 그리되길 원합니다.

'주님을 바라봄'이 삶에 완전히 배어서 모든 상황 가운데 가장 자연스러운 나의 몸짓이 되길 소망합니다. 아멘. 그렇습니다. 오직 그리되길 소망합니다. 아멘. ✝

40
내 영혼에 새 옷을 입히소서
20160121

지난주까지 계속되던 비가 그치고 이번 주엔 제법 여름 날씨답게 더위가 위력을 내기 시작했습니다. 더위가 시작되면 동물들도 채비를 하는데 바로 털갈이를 시작합니다. 길고 찰랑이던 털을 벗어버리고 여름에 맞게 짧고 가는 털로 새 단장을 합니다.

그 과정이 결코 쉬운 과정이 아님을 봅니다. 사람이 옷을 갈아입듯이 짧은 시간에 되는 것도 아니고, 오랜 시간 동안 자신이 지녔던 털을 뽑아내야 합니다. 또한 그 과정의 모습이 아름답지도 않습니다. 물론 새로 나오는 털은 깨끗하고 예쁘지만 기존의 털은 낡고 더러운데, 오래된 털이 차츰 빠지면서 새털이 나오기 때문에 일부분 경계를 따라 섞여 있는 모습이 지저분해 보입니다.

하지만 이 모든 것들이 이유가 되어 털갈이를 하지 않는다면 동물은 긴 털로 인해 더위를 견뎌내지 못할 것입니다. 그리고 이 모든 과정을 마치고 새 옷을 입은 모습은 이전의 모습과는 전혀 다른 아름다운 모습입니다.

그 과정을 보면서 사람의 영적 상태를 생각해보았습니다. 낡고 더러운 털들은 우리를 억누르고 지배해온 죄의 모습일 것입니다. 새롭고 아름다운 털은 그리스도의 보혈로 씻겨져 거듭난 영혼의 모습일 것입니다.

무더운 날씨에 길고 찰랑이는 낡은 털을 고집하다가는 결국 더위에 죽는 것처럼, 더럽고 추한 죄의 모습을 고집하면 그 죄의 무게로 우리의 영혼은 죽음의 나락으로 떨어지고 말 것입니다.

벗어버려야 합니다. 비록 벗는 과정이 오랜 시간이 걸리고, 힘이 들고, 어렵고, 때론 추한 나 자신이 드러나 부끄러울지라도 벗어버려야 살 수 있습니다. 그 '영적 헐벗음'을 감내해야 합니다.

살아가면서 종종 연약한 모습으로 창조된 우리의 본성에 실망할 때가 많습니다. 그것은 완전한 상태로 창조할 수 있는 창조자의 능력의 부재가 아니라, 부족함을 느끼지 않으면 창조자를 찾지 않는 우리의 속성을 가장 잘 아시는 그분이, 우리가 죄의 벽 앞에서 자신의 연약함을 깨닫고, 다시 그분을 찾게 하시며, 그분과의 만남이 인생의 가장 큰 기쁨임을 알게 하시려는 거룩한 배려임을 믿습니다.

그렇기에 오늘도 나는 나의 이 더러운 죄의 털가죽을 주님 앞에 내어놓습니다. 추하기에 부끄럽지만, 오직 그분만이 새롭게 변화시킬 수 있기에 용기를 냅니다. 그분은 그것을 새롭게 하시려고 다시 한번 고통의 피 흘림을 겪어야 하시지만, 단 한 번도 그리하시기를 주저하지 않으심이 우리 인생에 주어진 가장 큰 복

주심입니다.

그 피, 그 거룩한 피로 씻겨진 내 영혼의 새 옷을 입길 원합니다. 아멘. 그렇습니다. 오직 그 옷으로 새롭게 되길 원합니다. †

41

우리는 주님 없이 주님을 볼 수 없는 존재입니다
20160419

한국에 와서 예배 중에 화면의 글자가 잘 보이지 않아 선교지에서 사용할 도수가 들어간 선글라스를 맞추러 안경점에 들렀습니다. 검안하던 안경점의 주인은 매상을 올리기 위해서인지 호들갑을 떨며 그동안 어떻게 안경 없이 살았냐고 물어봅니다. 사실 평생을 안경 없이 살아왔고, 그동안 눈이 서서히 나빠졌는지 그 진행을 자각하지 못했다고 말해주었습니다.

더군다나 연초에 풍토병에 걸렸을 때 열이 심하고 눈이 견디기 힘들 정도로 아파서 쩔쩔맨 적이 있었는데, 아마 그때 시력이 급격히 떨어졌을 것입니다. 안경사가 기계를 통해 여러 필터를 씌워주니 놀라울 정도로 선명하게 영상이 보였습니다. 그래서 얼떨결에 안경과 선글라스를 맞추게 되었습니다.

몇 해 전까지 시력이 매우 좋았는데 매우 서서히, 스스로 자각할 수 없을 정도로 나빠질 대로 나빠진 시력은 마치 전부터 계속 그래왔던 것처럼 자연스럽다고 착각하게 만들었습니다. '자각할 수 없을 정도로 매우 느린, 그러나 지속적인 저하' 이것이 우리

문제의 핵심이고, 사탄의 가장 주효한 전략임을 믿습니다. 그것이 육신의 어떤 상태이든, 영적인 상태이든, 그렇게 저하되어, 처음과 너무나도 다른, 나중에라도 그것이 마치 나의 본 모습인 것처럼 자연스럽게 느끼게 만드는 것입니다.

우리에게 24시간 주님과 동행해야 한다는 말은, 우리를 구속하고 종교적으로 얽매이게 만들기 위해서가 아니라, 우리는 마치, 너무 가벼워 결코 떨어지지 않을 것 같은 깃털 같으나 분명 중력의 당김을 당하는 것처럼, 가만히 있으면 서서히 자연스럽게 침강하는 존재이기 때문입니다.

그래서 우리는 매 순간 회복이 필요한 존재이고, 그렇기에 주님의 '거룩한 교정'이 필요한 존재입니다. 주님은 그분의 분명하신 일하심으로, 희미해져가는 우리의 영적 시선 앞에 성령의 필터를 끼우셔서 우리가 주님을 바로 볼 수 있도록 하십니다.

오늘도 그 주님을 신뢰합니다. 우리는 그분 없이 그분을 바로 볼 수 없는 존재이기 때문입니다. 그렇습니다. 주님. 오늘도 주님을 분명하고 선명하게 보기 원합니다. 아멘. 그렇습니다. †

42

주님, 나를 당신의 도구로 쓰심에 감사드립니다
20160505

파라과이에 돌아와 이번 주부터 예전처럼 사역 현장에서 뛰고 있습니다. 올 초에 못 한 일들이 너무 많아 올해 계획했던 일들을 빠짐없이 다 하려면 부지런히 움직여야 할 것 같아 마음이 조급해지기도 합니다. 저녁엔 다음 날 할 일들을 리스트로 적어놓고, 새벽이 터오기 전 잠에서 깨어 아침을 기다리며, 출발선에서 예열하고 기다리는 경기용 자동차처럼 준비합니다.

나름대로 열심히 하려고 하는데도 예전 같지 않은 건강 때문인지, 만족할 만큼 움직이지 않은 것 같아 저녁땐 시무룩해지기도 합니다. 그러면서도 온종일 가능한 대로 최선을 다해 주님과 동행하려 노력하지만, 오늘은 주유소에서 문제가 생겨 그리하지 못했습니다.

조금만 방심하면 여지없이 무너지는 것을 보며 아직도 너무나 부족한 자신에 대해 부끄럽고 안타까웠습니다. 하지만 그렇기에 더욱 주님이 필요하고, 그분만이 이런 나를 용납하실 것이고, 그로 인해 절망보다 소망을 품을 수 있음에 감사합니다.

엊그제부터 마약 중독자 재활센터를 위한 담장 작업을 시작했습니다. 법원에서 담장이 완성되기 전까지 퇴거명령을 내렸기에 몇 개월간 기도하며 준비했는데 응답이 엉뚱한 곳에서 왔습니다. 누군가의 섬김을 기도했는데, 기도 가운데 주님은, 이번 한국 방문 중 여러분으로부터 받은 모든 여비를 모으면 그 일을 감당할 수 있음을 알려주셨습니다. 주시는 분들은 가족들과 맛있는 것 먹으라 주셨지만, 비록 가족들과 맛있는 것을 먹지 않아도, 주님은 지금껏 우리를 굶기지 않으셨기에, 주시는 마음에 순종하여 그 여비를 모두 모아서 주님의 일에 사용하는 것이 좋을 것 같아 집사람과 상의했더니 한순간의 망설임 없이 동의해주어 감사히 시작하게 되었습니다.

우리는 우리의 문제를 놓고 기도할 때, 종종 주님이 그 기도의 응답을 '바로 우리'를 통해서 이루신다는 것을 염두에 두지 않는 경우가 많습니다. 누군가 나를 도와야 한다는 생각에 그 누군가가 누구인지 두리번거리지만, 주님은 그 누군가가 내가 될 수 있음을 말씀해주시기도 합니다.

나를 사용하기 원하시는 주님, 내 삶을 통해 당신의 뜻을 이루시기 원하시는 주님, 그 주님이 나를 당신의 거룩한 도구로 사용하기 원하심에 내가 드릴 수 있는 오직 한 마디, 주님! 감사합니다. †

43

주님을 찾고 갈망합니다

20160510

지난 주말부터 내린 비는 월요일이 되어서야 멈추었습니다. 감사한 것은 그렇게 비가 오다가도 예배 시간 전후로 멈추어서 예배할 수 있었다는 것이었습니다. 예배 전에 비가 멈추고 예배를 마치고 다 돌아가면 다시 비가 내려 다시 한번 주님의 섬세한 배려를 느낄 수 있었습니다. 오늘도 종일 분주하게 사역의 현장을 돌아다녔습니다. 동시에 여러 군데에서 일들이 진행되는지라 이곳저곳을 다니며 부족한 부분이 있으면 채우고 제대로 진행되고 있는지를 확인했습니다.

아침엔 실수로 오른쪽 엄지손가락 큰 마디 가운데를 위에서부터 아래까지 깊게 베였습니다. 금방 꽁꽁 싸매서 다행히 큰 출혈 없이 지혈할 수 있었습니다. 칼로 벤 게 아니라 철제 줄자로 베어서인지 거칠게 베어져 통증이 조금 있었습니다. 불과 몇 분 전 줄자 한 부분이 뜯겨 있어 그 부분을 잘라내며 이것을 조심해야겠다고 생각한 바로 그 부분에 베인 것입니다. 이렇게 멍청합니다. 불과 몇 분 전에 생각하며 주의했던 것도 금세 잊어버리고 그것

121

에 상처를 입습니다.

　이런 물리적인 것도 그런데, 하물며 마음은 더욱 그렇습니다. 우리는 금세 우리 마음의 경고도, 영적인 교훈과 충고도 잊어버립니다. 너무 쉽게 망각하고 곧 상처 입고 절망합니다. 그것은 기억력의 문제가 아니라, 우리가 이렇게나 연약하고 도움이 필요한 존재임을 가르쳐주는 것입니다. 늘 주님을 바라보라는 것은, 이런 우리를 누구보다 우리가 잘 알기에 그렇게 주님을 바라보지 않으면, 얼마나 자주 얼마나 쉽게 무너지는지 잘 알기에, 그래서 도무지 우리에게 다른 방법이 없기에 주어진 유일한 방법이기 때문임을 믿습니다.

　오늘도 사람으로 인해, 상황으로 인해 상처 난 가슴을 품고 잠이 드는 이들이 우리 가운데 너무 많습니다. 깊은 밤 뒤척이는 허한 가슴에 채울 무언가에 대한 목마름을 견디기 힘들어합니다. 주님을 찾아야 합니다. 부르짖어야 합니다. 십자가의 능력은 우리를 구원하실 뿐만이 아니라, 우리 심령의 단단한 바위를 깨부수어 갇혀 있던 영적 생수를 터트리게도 할 수 있습니다.

　오늘도 주님을 찾습니다. 갈망합니다. 배고픈 아이가 엄마 품을 파고들듯 주님을 찾고 갈망합니다. 그렇습니다. 주님. 주님을 찾고 갈망합니다. ✝

44

관념을 넘어 실재로

20160518

건강 때문인지 예전만은 못해도 할 수 있는 범위 안에서 최선을 다해 분주히 사역 현장을 다니고 있습니다. 열심히 진행 중인 마약 중독자 재활센터의 담장 공사가 반 정도 진행되었고, 선교센터 신학교 대강당의 벽 공사는 2/3 정도가 진행되고 있고, 지붕 공사는 현재 철골 용접 작업을 진행하고 있고, 꾸루구아뜨 지역 두 곳의 인디헤나 마을에 교회 공사가 시작되었고, 숲에서 허가받은 세 그루의 거대한 나무를 잘라 제재소로 옮기는 작업을 계속하고 있고, 내일은 까아구아수 지역의 새로운 인디오 공동체에 학교를 세우는 일을 위해 출발하려 합니다.

온종일, 여러 곳에서 진행 중인 프로젝트들의 진행 상황과 부족한 부분과 필요한 사항을 체크하고 생각하다보니 딴생각이 들 공간이 없어 보입니다. 그럼에도 긴장의 끈을 놓지 않고 굳건히 잡으려는 생각의 중심은 '주님과의 친밀함'입니다. 잠시라도 그 끈을 놓치면, 여전히 한없이(어쩌면 영원할 것 같은) 부족한 내 생각 가운데 놀랍게도 빠르고 분명하게 다른 악한 것들이 들어차버리기 때문입니다. 불을 끈 방안을 순식간에 점령해버리는 어둠처럼, 주님을 묵상하지 않는 내 생각엔 더러운 것으로 가득 차버립니다.

어둠은 존재가 아니라 빛의 부재이듯이, 죄는 주님의 부재의 다른 이름인 것입니다. 그렇기에 매 순간 그 끈을 놓치지 않으려 부여잡습니다. 잡은 손이 아파서 불평이 나오려 할 때도 있지만, 그래서 놓아버리면 곧 죽음임을 알기에 오늘도 잡은 손에 힘을 더합니다.

그럼에도 희망을 품는 것은 잡은 손이 결코 내 손만이 아님을 알기 때문입니다. 주님이 나와 함께 계시고, 나를 돕고 계신다는 것을 실제로 체험하지 못한 채 관념적으로만 알고 사는 것만큼 안타까운 것은 없을 것입니다. 그 주님의 실재가, 그 분명한 도우심이 오늘도 내 안에 분명하게 체험되기에 감사하지 않을 수 없습니다.

그렇습니다. 주님. 분주한 가운데도 주님을 바라보는 눈이 흐려지지 않고, 붙잡은 그 손에 힘이 풀리지 않고, 새 힘으로 충만하여지게 하옵소서. 아멘. 그렇습니다. ✝

45

매 순간 발걸음을 고쳐 걷고 걸으며

20160523

주님의 은혜로 오늘 하루의 삶도 허락받아, 주신 사명에 부끄럽지 않기 위해 최선을 다하여 수고하였습니다. 종일 정신없이 이곳저곳을 다니면서 머릿속이 여러 가지 일로 복잡함에도, 무엇보다 집중하여 붙잡은 생각의 중심은 '주님을 바라봄의 실제'였습니다. 믿음의 실험의 결과를 삶에서 구체적으로 적용하기 위해 매 순간 의도적으로라도 주님을 바라보는 끈을 놓지 않으려 발버둥이친 것입니다.

그럼에도 안타까운 것은 복잡하고 분주한 일상에 산재한 문제들의 도전이 때로 너무 거대하여, 너무 쉽고 빠르고 분명하게 주님을 바라봄에 대한 생각 자체를 잊을 때가 많다는 것이었습니다. 가만히 생각해보면 이렇게 분주한 일상의 때가 아닌, 예를 들어 예배하거나 잠잠히 쉼의 시간을 가질 때는 훨씬 덜 그랬던 것, 즉 주님을 바라봄이 수월했다는 것입니다. 그렇다고 해서 일상을 포기할 수 없기에 생각이 복잡해지기도 합니다.

하지만 금세 내린 결론은 그렇지 않다는 것이었습니다. 진정한 영성은 골방에서도 나오지만, 삶의 자리에서 성숙해지는 영성이 진정한 영성임을 믿기 때문입니다. 영적인 성숙을 위해 일상을 포기하는 것은, 주님이 원하시는 깊이 있는 단계로 나아가지 못하고, 유아적인 단계에만 머물게 할 것입니다. 비록 삶의 무게로 영적인 성장의 속도가 더디고 한 걸음을 내디디는 것이 어렵다 할지라도, 그렇게 더디고 땀이 밴 채 성장한 영성이, 책상에 앉아 몇 시간을 고결하게 정리한 것만큼이나 값어치가 있을 줄 믿습니다.

주님을 바라본다는 것이 마치 아무것도 하지 않고 주님만 보고 있으면 떡이 생기는 것으로 오해하는 경우도 있습니다. 주님을 바라보는 것은, 내가 하고 싶은 대로 제멋대로 판단하고 행동하던 삶을 내려놓고 주님이 지시하시는, 주님이 원하시는 그 삶으로 방향을 돌리고, 그분과 발을 맞추어 동행하기 위해 그분이 가리키시는 손가락을 보고 말씀하시는 그 입술을 듣고 따라 걷는 것이라 믿습니다.

여전히 주님과의 완전한 동행의 길은 멀기만 해 보이지만, 그럼에도 매 순간 발걸음을 고쳐 걷고 걸으며 흐트러진 발끝을 주님과 정렬하려 애를 씁니다. 이 애씀을 주님은 애처로운 눈길로만 보지 않으시고, 기꺼이 이 더딘 걸음에 발을 맞춰주실 것입니다. 하루에도 수십 번의 넘어짐이 있지만, 아무렇지 않게 툴툴 털고 일어나 다시 또 한 걸음을 내딛습니다. 일상의 묵상, 노동 가운데 기도, 삶의 문제를 넘어서는 동행으로 나아갑니다.

그렇습니다. 주님. 오늘 비록 이 더딘 한 걸음밖에 내딛지 못했지만, 그럼에도 그만큼 주님께 가까워졌음을 만족하며 감사합니다. 아멘. 그렇습니다. †

46

오늘도 제하여냅니다
20160602

손톱을 자주 깎습니다. 손을 자주 쓰다보니 손톱이 조금만 자라도 그 밑이 더러워지고 좀처럼 씻기지 않아서, 할 수 없이 자주 깎아내야만 더러움을 제거할 수 있기 때문입니다. 삶도 마찬가지여서 시간이 보태질수록 내면의 더러움은 자라고 씻기지 않아 더러운 본성이 드러나곤 합니다. 내 안에 죄의 속성도 이와 같기에 부지런히 깎아내야만 합니다.

손톱은 자라나는 것을 느낄 수 없을 정도로 천천히 자라나는 것처럼 우리 안에 죄의 장성함도 그러합니다. 손톱이 천천히 자라지만, 그럼에도 불구하고 단 한 순간도 쉬지 않고 자라는 것처럼 우리 안에 죄의 더해짐도 그러합니다. 또한 손톱을 잘라내도 바로 그 순간부터 다시 자라나는 것처럼 우리 안에 죄의 자라남도 그러합니다.

손톱이 자라는 것을 원망하고 불평하고 앉아 있다고 손톱의 성장이 멈추지 않는 것처럼, 죄를 지을 수밖에 없는 자신에게 절망하고 앉아 있기만 하는 모습과 당연히 죄를 지을 수밖에 없는 존재이니 죄를 정당화하고 거리낌 없이 죄를 짓는 어리석음과는 결연히 결별해야 합니다.

더러워진 손톱은 깎아버리면 되듯이, 죄로 인해 더러워진 우리의 영혼은 십자가의 보혈로 씻어내면 됩니다. 조금은 뻔뻔해도 됩니다. 주님은 우리에게 다른 어떤 방법도 없음을 아시고, 주님이 친히 우리를 위해 죽으시고 다시 사심으로 유일한 길을 열어주시고, 우리가 무한히 그 방법을 사용하도록 허락해주셨기 때문입니다. 우리에게 다른 그 어떤 방법이 있었다면 주님이 십자가에서 고통당하시며 죽으실 이유가 없었을 것입니다.

사탄이 끊임없이 우리에게 속삭이는 거짓말은, 우리 죄의 무게추가 십자가의 보혈로도 감당할 수 없이 무겁다는 것과 우리의 보잘것없는 죄의 가벼움은 굳이 십자가의 보혈의 힘까지 빌리지 않아도 된다는 것입니다. 십자가의 보혈로 용서할 수 없는 그 어떤 무거운 죄도 없으며, 십자가의 보혈이 아닌 다른 방법으로 용서받을 수 있는 그 어떤 가벼운 죄도 없음을 믿습니다.

오늘 더러워진 손톱을 조금도 아까워하지 않고 깎아낸 것처럼, 오늘 내 안에 더러운 모든 죄의 권세를 십자가의 보혈에 힘입어 꺾어버립니다. 그렇습니다. 주님의 보혈을 힘입습니다. 아멘. 그렇습니다.✝

47

내 옆에 그분의 걸음이 내게 기쁨입니다
20160629

　단 하루만이라도 주님과 완전하게 동행하려 몸부림쳐본 사람은 알 것입니다. 그 마음을 먹는 짧은 시간마저 무색할 만큼 우리가 너무 쉽게 주님을 잊어버린다는 것을 말입니다. 의지적으로 그리하려고 노력하면 할수록, 오히려 더 쉽게 주님을 우리 마음에서 놓쳐버리고 맙니다. 그러면 우리는 우리 자신에 실망하고, 그 실망이 더해지면 우리는 도무지 가능성 없는 존재라고 절망합니다.

　그 순간에까지 이르게 하려고 쉬지 않던 사탄은 그제서야 만족한 웃음을 지으며 괴로워하는 우리를 느긋이 바라보고 즐기다가 결정적인 마무리, 즉 주님과의 동행이라는 것은 현실에서는 불가능하고, 성경에나 나올 법한 높고 높은 차원의 것으로, 그저 평범한 우리는 도저히 범접할 수 없는 것으로 믿어버리도록 우리의 심장에 절망의 대못을 망치질합니다.

　놀랍게도, 그 순간에 대부분은 도리어 안심합니다. '그래. 나만 그런 게 아니야. 그것은 인간이 도저히 이를 수 없는, 말로만 가능한 상태라고, 그래서 지금 나의 상태는 별문제가 없다'라고 말입니다. 주님은 예배당에만, 그 예배당을 찾아갔을 때만 계시는 것처럼 보이고, 우리의 팍팍한 삶의 자리 그 어느 언저리에도 계시지 않는다고, 설령 계신다 해도 삶의 무게에 짓눌린 우리의 처진 어깨와 내리깔린 시야엔 도무지 들어오실 수 없다고 믿어버립니다.

하지만 동행이 누구와 함께 걷는 것이라면, 둘 중 한 사람이 다른 사람에게 보조를 맞춰주기만 하면 동행은 이루어집니다. 비록 상대가 나의 존재를 인식하지 못한다고 할지라도, 내가 그의 곁에서 그의 걸음에 내 발을 맞춰 옮긴다면 동행은 이루어지는 것입니다.

만약 사람이 누군가를 위해 죽을 수 있다면 다른 못 할 일이 없을 것입니다. 그렇기에 주님이 우리를 위해 죽으셨다면, 왜 그 주님이 우리의 척박한 삶의 자리를 외면하시겠습니까? 나를 위해 죽으실 만큼 사랑하신 그 주님이, 왜 쳐진 우리의 어깨를 안쓰러워하시며 우리 곁에서(비록 우리는 그 주님을 인식하지 못함에도) 우리 발에 그 발걸음을 맞추며, 우리를 위로하시고, 새 힘을 주시려 응원하지 않으시겠습니까?

우리가 비록 주님을 찾아가 그분과 억지로 동행하려 하지 않아도, 이미 주님은 우리 삶의 곳곳에서 우리를 기다리시고 손 흔들고 계시며, 오히려 그런 주님을 도무지 발견하지 못하는 우리를 안타까워하십니다. 우리가 동행하지 못하는 것이 아니라, 우리와 동행하시는 주님을 발견하지 못한 것뿐입니다. 우리가 주님과 동행하겠다고 의지적으로 애쓰고 노력하여, 분주히 우리의 영적인 걸음을 뗀다고 주님과 동행할 수 있는 것이 아니라, 우리 삶의 시작부터 우리와 동행하시는 주님을 발견하고 바라보는 것이 필요합니다.

그 주님은 우리의 코를 꿰어 억지로 끌고 가지 않으시고, 잠잠히 우리 인생의 길에 함께 발을 맞추시고, 우리가 잘못된 길로 들어서면 넉넉히 피할 길을 만드시고, 우리가 느끼지 못할 만큼 부드러운 손길로 우리의 발걸음의 방향을 돌리십니다.

주님을 바라보는 것은 그 동행하시는 주님을 발견하고 그분의 걸음을 기뻐하는 것입니다. ✝

48

손을 들고 주를 향해 고개를 듭니다
20160725

파라과이에 겨울이 되면 마른 풀들을 태우느라 곳곳에서 연기가 피어오릅니다. 선교센터에도 얼마 전 제초작업을 한 곳이 있었는데 잘 말라서 오늘 들불을 피웠습니다. 베어져 누인 마른 풀들이 번지는 불길에 서서히 타들어 갈 때쯤 어디서 날아왔는지 모를 적지 않은 수의 새들이 불 주변을 서성거리기 시작했습니다.

이유는 하나, 벌레를 잡아먹기 위해서입니다. 뜨거운 불길에 놀란 벌레들이 뛰쳐나오면 그때를 놓치지 않고 새들이 그 벌레를 잡아먹습니다. 처음엔 불길에서 멀찍한 곳에서 서성이던 새들도 시간이 지나면서 대담하게 불길 바로 옆까지 다가옵니다. 그 불이 자신을 사를 수 있음에도 벌레의 유혹을 이길 수 없기 때문입니다.

새들을 보며 그런 생각을 해보았습니다. 어쩌면 저 새들의 모습이 우리의, 아니 나의 모습이라고 말입니다. 벌레의 유혹을 떨쳐버릴 수 없어, 타는 불길 곁을 기웃거리는 모습이, 세상의 달콤한 유혹에 빠져 죄의 불길 옆에서 아슬아슬한 줄타기를 하는 모습과 너무나 닮아 있습니다.

불길이 자신을 덮치면 결국 죽을 수밖에 없다는 것을 알지만, 과감하게 그곳을 떠나지 못하는 이 영적인 기웃거림. 어리석은 새를 비웃을 수 없는 것은, 적어도 그 새는 그 불에 결코 타지 않지만, 우리는 종종 죄의 불길에 휩싸여버린다는 것입니다. 알면서, 너무나 잘 알면서도, 여전히 기웃거리고 서성이며, 아쉬워하고 합리화하는 이 어리석음. 그렇기에, 여전히 그럴 수밖에 없기에, 오늘도 세상에 혈안이 되어 구부정해져버린 이 고개를 두들겨 치고 펴서 하늘을 바라봅니다. 주님을 바라봅니다.

이런 나를 위해 죽으신 그 주님을 향해, 그 주님의 심장을 향해 거친 못질을 했던 그 부끄러운 손을 들고 주님을 바라봅니다. 주님께 내 모든 시선을 맞춰 더 이상의 기웃거림에 내게 있지 않도록, 그 주님, 그 주님을 바라봅니다. †

49

주님을 바라봄은 닮아감입니다

20160820

스스로 생각하길 자신이 다른 사람들보다 주님과 교회를 위해 더 헌신한다고 믿는 사람들의 마음에, 의도하든 의도하지 않든지 간에 가끔 침투하는 생각은, 그 사실을 다른 사람들로부터 인정받고 싶어 한다는 것입니다. 그래서 누군가 그것을 알아주고 칭찬하면, 겉으로는 겸양을 떨면서도 속으로는 흐뭇해하고, 나아가 그런 자신을 자랑스러워하고, 심지어 그렇지 못한 사람들과 비교하고, 자신과 같지 못한 이들을 평가하고, 드러내지 않아도 정죄하기까지 합니다.

선교 사역을 시작한 초기 10년 안팎으로는 말할 수 없이 힘든 일들이 많았습니다. 물론 지금도 그 정도가 줄어든 것이 아니라 견디는 법을 체득했기에 그전보다는 수월하지만, 여전히 비교적 많은 수고를 한다고 말하는 타인들의 평가를 들을 때면, 나도 모르게 위와 같은 마음이 내 안에 똬리를 틀고 있는 것을 보며 가끔씩 소스라치게 놀라곤 합니다. 종이 최선을 다하여 주인을 섬기고 나서 "나는 무익한 종입니다"라고 고백한 성경의 고백이 사실 가장 정확한 고백인데, 너무나도 자주 그 고백보다 "내가 이렇게 수고했으니 좀 알아봐주세요"라고 고개를 세우곤 합니다.

사탄은 우리 사역의 출발과 과정을 건드리는 것이 아니라, 사역의 마무리에 개입할 때가 더 많습니다. 열심히 해놓고 그 공을 입으로는 주님께 돌리지만, 속으로는 인정받고 싶어 안달하는 그 마음을 우리에게 심어놓습니다. 남들보다 더 많이 기도하고, 더 많이 봉사하고, 더 많이 헌신한다고 느껴질 때가 가장 경계할 때임을 믿습니다. 그럴 때일수록 더 겸비하고, 더 순복하여, 도무지 사탄이 비집고 들어올 틈을 주지 않는 것이 중요하다고 믿습니다. 그럼에도, 여전히 인정받고, 칭찬받고, 박수받는 것을 좋아하는 이 연약한 나를 볼 때마다 내 안에 선한 것이 없음을 절감하기에 오직 선하신 주님을 바라볼 수밖에 없습니다.

바라봄은 그분의 형상을 사모함이고, 사모함은 물들어감이고, 물들어감은 닮아감입니다. 내가 주님을 바라봄으로 결국 주님을 닮아 그분의 모습대로 되어져감을 믿습니다. 그렇기에, 그 주님, 그 주님을 오늘도 바라봅니다. ✝

50

그럼에도 불구하고
20161011

파라과이 사람들은 자신들이 세계 부패 2위라고 아무렇지도 않게 웃으며 말합니다. 모든 과정에 돈이 들어가고, 뒷돈을 주지 않으면 진행되는 일의 속도가 상상을 초월할 정도로 더딥니다. 오죽하면 자신들이 세계 부패 1위였는데, 그 1위 자리조차 돈 받고 팔아넘겼다고 말할 정도입니다. 그 부패의 정점에 공무원들이 있습니다.

적지 않게 겪었던 일인데도, 오늘 하루 동안 겪은 일련의 사건들은 이 땅과 이 땅의 백성들을 사랑하는 데 정말 많은 인내가 필요하다는 것을 다시 한번 더 느끼게 해주었습니다. 온종일 부서 돌리기도 모자라 주변 도시 관공서 돌리기를 시키더니, 결국 거만하고 비열하며 모욕적인 언사로 많은 액수의 돈을 요구하는 것을 감내해야만 했습니다.

생각해보니 파라과이에 입국한 첫날엔 경찰들이 짐과 가족을 경찰서에 억류시켜놓고 가진 돈을 모두 다 털어먹고서야 풀어주었고, 모르는 사람들이 머리에 총을 들이대기도 하고, 시시때때로 당하는 인종차별과 경멸, 빈정거림, 음해성 거짓 소문 유포 등을 셀 수 없을 정도로 당해야만 했습니다. 그때마다 달래고 가르치기도 하고, 언쟁하기도 하지만, 그런다고 결코 해결되지 않는다는 것을 경험적으로 알기에, 포기하고 그냥 넘겨버리는 경우가 대부분이었습니다.

외국인으로 선교사로 살아야 하기에 당연히 그래야 한다고 생각하지만, 그 마음의 생채기는 사라지지 않고 내면 깊은 곳에 숨어 웅크리고 있다가, 가끔씩 깨어나 온 가슴을 휘갈겨 견딜 수 없는 고통을 느끼게 하곤 합니다.

처음 선교지에 왔을 때 선임 선교사들이 현지인을 바라보던 그 서늘한 눈빛을 이해하지 못했는데, 그들만큼 시간이 지나자 그 이유를 충분히 이해할 수 있게 되었습니다. 그러면서도 그 눈빛이 결코 아름다워 보이지 않았기에, 그 눈빛을 닮지 않으려 몸부림치고 있지만, 오늘 같은 일들이 겹치고 겹치면서 그게 쉽지 않은 일이 되어버렸습니다. 그렇다고 이런 마음을 누구에게 털어놓을 수도 없고, 시간이 더해질수록 마음은 더욱 문드러져만 갑니다.

"선교사는 이래야 해"라며 '완벽에 가까운' 모습을 원하는 시선들에 둘러싸여 있음을 고독하게 감내해야 하는 시간이 점점 늘어만 갑니다. 하지만 선교사이기 이전에 한 인간으로 위로와 격려가 필요한 한 실존인데, 그런 모습을 보이는 것이 약하고 선교사답지 않은 자격 미달로 보이는 것이 마음 아픕니다.

언제나 그렇듯이 사람에겐 답이 없음을 알기에 혼자서 기도하는 저녁 시간에 주님께 나아갑니다. 할 말도 없고 이 뭉그러진 가슴을 표현할 길이 없어 혼자 눈물만 흘립니다. 이런 일들 때문인지 요즘은 눈물이 너무 많아졌습니다. 한바탕 울고 나면 그래도 마음이 시원해지기에, 언젠가부터 눈물에 중독되어 가는 것 같습니다.

주님이 뭐라고 위로하실까 기대하는데 마음 가운데 하시는 말씀은 간단했습니다. "내가 널 보는 마음이 그래." 내가 그들을 바라보는 그 안타까움이, 주님이 나를 보실 때마다 동일하게 있으시다는 것입니다. 나의 연약함과 죄 된 모습에 주님도 그렇게 마음이 뭉그러지신다는 것입니다. 견딜 수 없는 죄스러움에 몸서리가 쳐졌습니다. '도대체 누가 누굴 탓하고 원망한단 말인가. 나는 주님 앞에 그들보다 더한 죄인인 것을.' 더 이상 울 수 없어서, 눈물이 오히려 가식적인 것 같아 자리를 일어서는데 주님은 제 마음에 한마디를 더 하셨습니다.

"그럼에도 불구하고 네가 그들을 용납하는 것처럼 나도 너를 용납한단다. 아들아. 네 마음이 무너지는 모든 자리에 언제나 나도 너와 함께 있음을 잊지 말아라."

다시 한참을 앉아 울 수밖에 없었습니다.

51

주님, 오늘도 당신께 손을 내밉니다
20161020

숲에 들어가 벌목을 하다가 벌에 쏘였습니다. 자신들의 보금자리를 건드린 원흉에 대한 공격인지, 여러 사람 중에 유독 나에게만 달려드는 벌이 처음엔 야속하다가, 1시간 가까이 계속되는 그들의 집요함이 나중엔 두려울 정도였습니다. 벌에 쏘이는 것이 별로 유쾌한 일은 아니지만, 건강을 위해 일부러 벌침을 맞기도 한다니, 좋은 방향으로 생각하기로 했습니다. 더군다나 들리는 말로는 이 종류의 벌에 쏘이면 뼈에 좋다고 하니 감사한 일이기도 했습니다.

부어오르고 화끈거리는 부위들에 물파스를 바르면서 오늘 그 벌들의 집요함을 생각해보았습니다. 여러 사람 중 벌집을 건드린 한 사람에게 죽을힘을 다해 달려드는 그 집요함을 보며, 그 집요함의 정도를 매길 때 둘째가라면 서러워할 한 녀석의 이름을 생각해보았습니다.

그 이름은 '죄'입니다. 평소에 어디에 있는지도 모를 벌집처럼, 우리 안에 죄의 본성은 마치 없는 것처럼 도사리고 있습니다.

사탄의 가장 큰 거짓말이자 가장 자주 하고, 가장 효과적인 거짓말은 '사탄의 부재'일 것입니다. 사탄도, 죄도, 심판도 없다는 것입니다. 그래서 아무런 죄책감 없이 죄를 대하며, 심지어 친근감을 느끼게 할 정도로 우리를 미혹합니다.

하지만 벌집은 분명히 존재해왔고, 그 벌집을 건드리면 반드시 벌의 응징이 따르는 것처럼, 없는 것처럼 웅크리고 숨어 있다가도 죄는 건드리면 반드시 그 엄청난 위력을 발휘합니다. 그 집요함과 철저함은, 우리가 모르고, 무시하고, 마치 없는 듯이 여기며 지내왔던 시간에 비례하여 철저하게 우리를 무너트립니다. 우리는 죄를 짓지 않고는 살 수 없는 연약한 존재임이 분명하지만, 그렇다고 해서 죄의 존재를 무시하거나, 아닌 척하거나, 대수롭지 않게 여겨도 될 특권을 받은 것은 아닙니다. 그렇기에 매번 넘어질 수밖에 없음에도, 그렇다고 마냥 쓰러져 널브러져 있을 권리가 우리에게 허락되진 않았습니다.

오뚝이가 쓰러지는 동시에 다시 일어서듯이, 넘어진 아이가 넘어짐과 동시에 울음으로 엄마의 도움을 구하듯이, 우리는 우리를 일으켜 세우실 주님께 손을 내밀어야 합니다. 수백 번 넘어져도 언제나 당당하게 엄마에게 손을 내미는 아이에게는 부끄러움이나 망설임이 없듯이, 우리의 넘어짐을 지적하고, 그 죄의 중함을 물고 늘어지는 사탄의 귓속말을 물리치고, 당당하게 주님께 손을 내밀어야 합니다.

그분은 우리의 아버지가 되시기에, 우리를 위해 십자가에서 고통과 죽으심을 당하시고 이기셨기에, 언제라도 마치 처음처럼 우리의 손을 잡아주실 것입니다.

그렇습니다. 주님. 오직 그것이 소망입니다. 오늘도 내 손을 주님께 내밉니다. 아멘. 그렇습니다. †

52

상한 마음을 고치시는 주님
20161021

손재주가 없고 서툴러서인지 손엔 항상 두어 군데 상처가 늘 있습니다. 어디에 찔리거나 베이거나 찢거나 뜯겨서 생긴 상처들입니다. 그 상처들은 예외 없이 생기자마자 바로 회복을 위해 분주한 것을 봅니다. 비록 그 회복의 속도를 느낄 수 있을 정도의 예민함은 없기에 느끼는 것이 불가능하지만, 분명한 것은 단 한 순간도 쉬지 않고 회복이 진행된다는 것입니다.

육신의 상처도 그렇다면 마음의 상처는 어떨까 생각해보았습니다. 마음이 상한 자를 고치시는 주님도 그리하실 줄 믿습니다. 우리가 마음이 상한 채로 그대로 단 한 순간도 두지 않으실 줄 믿습니다. 그 상한 마음을 바로 그 순간부터 싸매시고 당신의 보혈로 덮어 치유하실 줄 믿습니다.

비록 내가 영적으로 둔하고 내 눈이 어두워 치유하시는 주님을 발견하지 못한다고 할지라도 주님은 나의 우둔함에 실망하시거나 나의 알아드리지 못함에 서운해하지 않으실 줄 믿습니다. 삼손이 머리카락이 잘리고, 원수의 손에 말할 수 없는 치욕을 당하는 그 순간에, 성경은 담담하게 삼손의 머리칼이 다시 자라기 시작했다고 말씀하는 것을 봅니다.

내가 상한 마음으로 좌절하고, 실망하고, 모든 의욕을 잃어버려 그 헛헛함을 견디지 못하고 있는 그 순간에도, 주님은 바로 그 순간부터 내 마음에 희망의 씨앗을 싹 틔우는 분이심을 믿습니다.

그렇습니다. 주님. 마음이 힘든 시기를 보내며 그럼에도 불구하고, 아니 그렇기에 더욱 주님을 다시 바라봅니다. 내 마음을 고쳐주옵소서. ✝

53
가죽옷을 지으시다
20151116

파라과이엔 여러 종류의 야자나무가 있는데, 선교센터에 있는 야자나무는 그 종류 중에서도 가장 흔하면서 별다른 소용이 없는 (열매가 많이 달리기는 하나 먹기 불편해서 거의 아무도 먹지 않는) 종류입니다. 게다가 이 종류는 나무의 모든 부분에 매우 많은 가시가 있는데, 이 가시들이 매우 날카롭고 단단해서 애물단지 같은 나무입니다.

더군다나 잎이 달린 긴 줄기가 자주 떨어지는데, 이것도 모든 곳에 가시가 있어서 아이들에게 위험하기 때문에 보이는 대로 모아서 태우곤 합니다. 어제 오후 그 과정에서 가시 9개가 왼쪽 무릎 주변에 박히게 되었습니다. 많이 들어간 것은 새끼손가락 한 마디 반 정도 들어가 박힌 것들도 있어서 빼내는 일이 매우 고통스러웠습니다.

관절 주변이고 깊이 들어갔다 나와서인지 처음엔 걷는 것이 불가능할 정도로 힘이 들었습니다. 찔리는 그 순간은 잠시였지만 극렬한 통증이 온몸을 훑고 지나갔고, 한 걸음 한 걸음을 떼는 것이 동일한 통증을 상기시켜주기에 충분한 정도였습니다. 이 가시는 독이 있는지 빼내고 나서 며칠간 계속 통증이 있어서 저녁엔 웬만해선 먹지 않는 진통제를 먹기도 했습니다.

찔림의 순간은 잠시였지만, 그 고통이 마치 영원히 지속될 것처럼 느껴지는 것처럼, 삶의 자리에서 아주 잠시 잠깐 탐닉하는 죄의 가시는 영혼에 깊고 영원할 것 같은 상처를 남기는 것을 봅니다. 그 잠시의 유혹을 이기기가 그렇게 어려워 긴긴 후회의 시간을 보내야 하는 것입니다.

근래 들어 기도 제목들이 더욱 단순해지고 간결해집니다. 세상을 변혁시킬 능력을 구하기보다는 그 잠시의 달콤함에 대한 유혹을 이길 믿음을 구합니다. 나 자신에 대해서, 내 빈약한 의지와 믿음 없음에 대해서 매일 실망하지만, 그럼에도 오늘도 하루를 살아내는 것은 이런 나의 연약한 한계를 주님은 이미 다 알고 계시고, 내 영혼에 박힌 그 수많은 가시를 하나하나 뽑아내고 계시기 때문입니다.

죄의 시작의 날, 가죽옷을 지으시기 위해 당신이 지으시고 사랑하신 한 마리의 짐승의 희생을 감내하셨던 것처럼, 오늘도 나의 연약함을 덮으시고 치유하시기 위해 쉬지 않으시는 주님, 그 주님을 바라봅니다. †

54

가장 좋은 것은 아직 오지 않았습니다

20161118

올해도 적지 않은 망고가 열려 주먹보다 크게 자라고 있습니다. 이제 조금 있으면 먹을 수 있을 테지만, 다음 달에 한국에 다녀와야 하기에 올해는 망고를 몇 개 못 따먹을 것 같은데, 커져 가는 망고를 보며 이런 생각을 해보았습니다. '내가 심고 키워도 내가 못 먹을 수 있겠구나. 키운 사람과 거두는 사람이 늘 같을 수는 없겠구나. 그리고 나 역시 누군가 심어서 키운 것을 먹기도 하는구나.' 내가 키운 것을 내가 먹지 못한다고 서운해할 것이 없는 것은, 나 역시 누군가 키운 것을 먹기 때문입니다.

삶 가운데 문제가 생기는 이유 중 하나는 이것을 인정하지 못하는 데서 시작되기도 합니다. 내가 키운 것은 내가 다 거둬야 한다는 생각, 당연하다는 그 생각도 가만 돌아보면 모두 다 욕심입니다. 나 역시 누군가의 수고로 얻어진 결과를 큰 수고로움 없이 거둔 적이 많기에 욕심을 내려놔야 하는데도, 종종 남에게 엄격한 그 기준이, 나에겐 한없이 자비로워서 그렇게 생각하지 못하기 때문입니다.

선교 사역도 동일합니다. 아무것도 없던 곳에 홀로 와서 말로 다 못 할 고생을 하고 세워놓은 모든 것들을 마지막에 내려놓기가 쉽지 않을 것입니다. 내가 심은 것이니 그 열매를 모두 내가 거두어야 한다는 생각에, 사람과의 관계도, 주님과의 관계도 깨져버리는 것입니다. 키우시고 이루신 것은 오직 주님이신데, 그 주님을 시야에서 잠시 놓치면 우리 마음은 순식간에 '나'라는 괴물에 잠식되어버리는 것입니다.

오늘 자라나는 망고를 보며 그런 생각을 해보았습니다. '나는 어떨까? 나도 그런 마음이 들까? 이곳에 처음 와서 지금까지 아무것도 없던 곳에 이렇게 적지 않은 것들을 세워놨는데, 나는 과연 주님의 명령 앞에 이것들을 아무 미련 없이 내려놓는 순종을 할 수 있을까? 육체적 고생과 경제적 어려움과 사람들의 음해와 방해와 핍박을 수도 없이 겪으며 이겨왔는데, 그 시간과 기억들이 나의 의가 되어 추한 뒷모습을 남기게 되지는 않을까?'

내려놓아야 합니다. 마치 나와 전혀 무관한 것처럼 깨끗하게 내려놓아야 합니다. 우리 역시 다른 이의 수고의 열매를 먹고 있기에, 나의 땀으로 키운 나무의 열매를 누군가가 따먹을 수 있게, 내 삶의 싸리문을 열어놔야 합니다. 나의 수고도, 나의 섬김도, 나의 헌신도 말입니다.

그럴 수 있는 것은 우리에게 더 좋은 열매가 기다리고 있기 때문입니다. 우리가 이 땅에서의 삶의 노고와 그 열매가 아무리 크다 할지라도, 영원한 아버지 나라의 잔치에 비할 수 없을 것이기에, 그 천국을 기대하며 이 땅의 모든 수고와 보상을 잊어버려야 합니다. 천국을 기대하지 않으면 이 땅의 것에 매달릴 수밖에 없을 것입니다.

매일매일 성실히 밭을 갈며 묵상할 때마다 기대해야 합니다. "가장 좋은 것은 아직 오지 않았습니다." 그렇습니다. 아직 오지 않았습니다. 가장 좋은 것, 그 주님과의 달콤한 영원한 안식의 시간이 아직 오지 않았습니다. 그렇기에 오늘도 주님의 일에 땀을 더합니다. †

거룩한 닮음

3

55

거룩한 마모

20170421

사역을 위해 매일 사용하는 차량은 사륜구동 디젤 픽업트럭입니다. 2011년식으로 새 차를 사서 지금껏 사용했더니 킬로 수가 제법 됩니다. 이 차를 통해 자재를 실어 날라 세운 교회가 50군데가 넘으니 하나님이 보시기에 파라과이에서 가장 잘 쓰임 받은 차 중에 하나일 것입니다.

매번 판스프링이 평편해질 정도로 한계점까지 모래, 자갈, 목재, 지붕, 시멘트, 문과 창문, 철근이나 흙 등을 실어 나르다보니, 차가 말을 할 수 있었다면 볼멘소리를 꽤 들어야 했을 것입니다. 그렇게 싣고 좋은 길로 다녔어야 하는데, 대부분의 사역지로 들어가는 길이 그렇지 못해 어떨 때는 빠지고 미끄러운 진흙 길을 몇 시간이고 달려야 하기도 했습니다.

사람들이 지나가는 농담으로 차가 주인을 잘못 만나 고생한다고 하지만, 사실 차는 가장 귀한 일에 쓰임 받는 것입니다. 킬로 수가 여섯 자리가 되면서 여기저기서 문제가 생겨 지속적으로 수리를 하고 있었는데, 얼마 전부터 클러치가 이상하게 느껴지더니 기어가 잘 들어가지 않아 확인해보니 클러치 디스크가 닳아서 교체해야 하는 상황에 이르렀습니다. 그것뿐만 아니라 대부분의 교체 가능한 부품들도 거의 다 닳아서 전면적으로 교체가 필요한 상황임을 보게 되었습니다. 그동안 용케 버텨준 것과 이 상태가 되도록 군말 없이 사명을 감당해준 차에 감정이 이입되어서인지 코끝이 시큰하게 느껴지기도 했습니다.

감사한 것은 이 차가 온전히 주님의 일을 위해 사용되어 온 것과 그 일을 위해 온전히 닳아진 것이었습니다. 세상의 다른 일들을 위해서가 아닌 주님을 위한 '닳음'이 얼마나 귀한지 모릅니다. 88세로 소천하신 감리교의 창시자 존 웨슬리 목사님의 마지막을 보고 주변에서 "이분은 늙어서 죽은 것이 아니라 닳아서 죽었다"라고 할 정도로, 온 생애를 주님을 위해 육신이 닳도록 사신 그 분의 삶이 귀하고 닳고 싶습니다.

육신은 닳을지라도 그로 인해 오히려 영은 녹이 슬지 않을 '거룩한 마모'임을 믿습니다. 나 역시 그렇게 닳기 원합니다. 주님을 위해 온전히, 불평함도 자랑함도 없이, 그렇게 주님을 위해 닳기 원합니다. 그렇게 육신이 닳고 닳으면, 내 영은 그 무엇과도 비교할 수 없이 새롭고 새로워져, 주님의 영광이 거하는 생명의 새 영이 될 것임을 믿습니다. 생각만 해도 가슴이 벅차고 내 심장이 그 간절함으로 터질 것만 같습니다. 오직 그렇게 되길 간절히 원하고 또 갈망합니다. 아멘. 아멘. 그렇습니다. 주님!†

56

예수 그리스도 중독

20170426

　선교는 체력이라는 말을 많이 들어왔습니다. 하지만 아직까지 체력을 기르기 위해 시간을 따로 내어 운동을 하진 않았습니다. 가장 큰 이유는 운동을 좋아하지 않는 천성적 게으름이고, 또한 지금까지 운동을 따로 할 수 있을 만한 시간적 여유가 많지 않았습니다. 그리고 결정적으로 운동을 하다가 그것에 빠져버릴까에 대한 두려움 때문이었습니다.

　설득력 없는 핑계일 수 있으나, 선교는 체력이라며 운동에 열중하다가 정작 선교보다 운동에 빠지는 경우를 많이 봤습니다. 그 밖에도 선교 자금 확보를 위해 시작한 비즈니스 등이 오히려 선교보다 앞서는 경우도 심심치 않게 보았습니다. 나 역시 운동이나 다른 것에 빠지면 거의 확실히 그것에 중독되어 선교를 등한시할 것이 뻔히 보이는 것은, 누구보다 한 가지에 쉽게 잘 빠지는 나 자신을 잘 알기 때문입니다.

　우리가 살면서 이런 유혹을 너무나 많이 받습니다. '적당히 하면 괜찮아'라는 말은 언제나 나에겐 상관없는 말입니다. 왜냐하면 나는 적당히 맺고 끊을 수 있는 능력이 없기 때문입니다. 당연히 그런 능력이 없음을 알았다면 시도조차 거부해야 하는 것이 마땅합니다.

하지만 우리는 우리 자신의 연역함에 대해 너무 관대한 것인지, 아니면 충분히 감추고 살 수 있다고 확신하는 것인지, 매번 그 아슬아슬한 시도의 경계에서 기웃거립니다. 하지만 시간이 더해지면 더해질수록 나 자신은 어림도 없다는 것을, 얼마나 부족하고 연약한 존재인지를 더욱 확신합니다.

내 삶 가운데 오직 한 가지에 중독될 수 있다면, 그 한 가지에만 중독되기 원하는 것은 오직 예수 그리스도뿐입니다. 그 사랑의 거대함은 내 삶을 다 드려도, 내 안에 채우고 채워도 다 담을 수 없기에 그 중독은 결코 끝이 없을 것입니다. 세상의 중독의 끝은 채울 수 없는 갈증과 허무함이겠지만, 예수 그리스도, 그분은 결코 마르지 않는, 또한 결코 그 끝을 채울 수 없는 기쁨과 감사일 것입니다.

단 한 번만 주어지는 삶, 세상의 그 어떤 것으로 채우지 않고, 오직 예수 그리스도, 그 이름으로 내 삶을 채우길 원합니다. 그 이름이 나를, 그 사랑의 충만함의 거룩함에 온전히 중독시키십니다. 아멘. 그렇습니다. 주님. 주님 이름만을 부릅니다. 아멘. †

57

주님의 약속
20170212

파라과이로 돌아와 진행되는 일상이 매우 바빠 정신이 없습니다. 해결해야 할 것들이 산더미이고, 진행이 막혀서 머리가 아픈 일이 적지 않지만, 그럼에도 힘을 내게 하시는 주님을 찬양합니다. 오늘 예배 가운데 말할 수 없는 감격의 기쁨을 누린 것은, 이 일들을 주님이 도우시겠다는 확신을 주셨기 때문입니다.

올해도 여러 명의 학생의 학비와 약값이 필요한 목회자를 돕기 위해 그들을 만났습니다. 선교 초창기부터 선교사 생활비보다 학비 지원을 더 하기로 한 약속을 지켜오고 있지만, 사역의 햇수가 더해질수록 새로운 후원 없이 기존의 후원이 중단되는 경우가 많은지라 올해엔 이런 도움을 어떻게 이끌어가야 할지 막막하기만 합니다.

올해도 두어 군데의 후원이 말없이 중단되어 답답하기도 하지만, 지금까지 그래왔던 것처럼 주님의 도우심만을 조용히 구할 뿐입니다. 몇 번의 고비를 오직 주님의 도우심으로 넘겨왔고, 그 것이 분명한 체험인데도, 광야의 이스라엘 백성처럼 여전히 불안해하고 걱정하는 믿음 없는 나 자신이 한심스럽기도 합니다.

예배를 마치고 집에 들어오려는데 바깥 탁자에 한아름 야채가 놓여져 있었습니다. 어느 교인이 농사지은 것을 몰래 놓고 간 모양입니다. 물끄러미 바라보는데 주님의 음성이 들리는 것 같았습니다.

"걱정하지 마라. 내가 가장 선한 것으로 늘 네게 준다고 약속했잖아." ✝

58

약속하시는 주님을 갈망합니다

20170214

각 교회마다 보고되는 일들로 마음이 가볍지 않습니다. 좋은 일들도 있지만, 기도와 도움이 필요한 사항들은 대부분 자신들의 힘으로는 어찌할 수 없는 상황까지 간 것들입니다. 여러 보고 중에 돌풍으로 짓고 있던 교회가 무너졌다는 것과 법인 서류 진행을 처음부터 전부 다시 해야 한다는 것이 가장 무거운 소식이었습니다.

센터교회 건축팀이 가서 지은 곳이 아니고 현지 성도들이 지은 그 교회는 경험의 부족으로 자신들의 기술로 짓다보니, 항상 튼튼하게 짓는 것을 원칙으로 하는 건축팀의 교회보다 약하게 지어져, 갑자기 불어닥친 돌풍에 견디지 못하고 지붕이 날아가고 벽이 무너져내렸습니다.

법인 서류는 몇 년에 걸쳐 진행되다가 작년 말에 거의 다 된 것을, 게으른 담당자가 관공서에서 찾아오지 않아, 해가 바뀌고 유효기간이 만료되면서 모든 내용이 무효가 되고, 처음부터 다시 해야 하는 상황에 놓였습니다. 더 기가 막힌 것은 적반하장으로

이 담당자가 미안하다는 말 한마디 없이, 다시 해야 하는 모든 접수 서류와 돈을 보내라고 당당하게 요구하는 모습을 보며 말문이 막혔습니다. 그간 해온 서류들의 복사본을 보내달라는 말에도 온갖 핑계를 대더니 결국은 돈을 먼저 보내면 복사해서 보내주겠다고 합니다.

선교 초창기에는 그저 몇 곳의 교회만 열심히 섬기면 되었는데, 이제 좋든 싫든 한 단체의 대표가 되니 단 하루도 마음 편할 날이 없고, 보고되는 수많은 사건 사고들에 여간 힘이 드는 것이 아닙니다. 오늘은 오후에 앉아 숨을 고르며 차라리 그때로 돌아가고 싶다는 생각에 마음이 시큰거렸습니다. 예민하고 소심하여 심장이 견딜 수 있는 무게가 매우 적은데도, 주님은 매번 이런 일들을 맡기시니 어떤 계획을 이루시기 위한 훈련인지 궁금하기도 하고 두렵기도 합니다.

숨이 턱까지 차오르는 것 같은 기분을 안고 운전을 하다 창밖에 비친 무지개를 보았습니다. 며칠째 계속되는 오후의 잠깐의 소나기 뒤에 무지개를 보며, 문득 무지개가 주님의 약속임을 생각해보았습니다. 폭우 뒤의 무지개, 칠흑 같은 암흑 뒤의 여명, 살을 에는 듯이 추운 어둑새벽을 찢고 올라오는 아침 햇볕의 따스함. 이렇기에, 약속하시는 주님을 갈망할 수밖에 없습니다.

주님, 다만 그 갈망에 심장이 다 타버리기까지 너무 늦지 마옵소서. ✝

59

그 은혜를 기대합니다
20170216

올해도 선교센터에 과일이 많이 열렸습니다. 특별히 오렌지와 귤과 파파야가 풍년인데, 어떤 나무는 과일 무게를 이기지 못하고 가지가 휘어져 땅에 닿을 지경입니다. 그런데 가만히 보니 모든 종류의 나무가 풍년인 게 아니라, 열매가 거의 열리지 않은 나무도 보입니다. 같은 장소에서 같은 햇빛과 동일한 비를 맞았는데도 너무 차이가 많아 보였습니다. 열매를 많이 맺은 나무가 물과 햇빛을 독점한 것이 아닌데, 같은 빛과 물을 받았음에도 열매를 맺지 않은 나무가 이상해 보였습니다.

이 나무들을 보며 하나님의 은혜와 사랑을 동일하게 받아도 그 결론이 너무나 다른 우리의 모습이 보였습니다. 인간은 자식을 편애할지라도, 창조주 하나님은 모든 이에게 물과 햇빛을 동일하게 내리시며 우리 모두에게 넘치는 사랑을 주시고 계시지만, 우리는 때때로 열매를 맺지 못하고, 도리어 나에게 은혜를 주시지 않았다고 불평하며 다른 이의 은혜 주머니를 힐끔거리며 비교하기도 합니다.

올 한 해는 주님 앞에 열매 맺는 자의 삶을 살고 싶습니다. 넉넉히 부으시는 주님의 은혜의 생수를 충분히 받아, 주님이 기뻐하시는 의의 열매를 맺어 올해를 마치는 그 시간에 그분의 발아래 내려놓고, 무익한 종이 주님의 은혜를 입어 드릴 것이 생겼음에 감사하고 싶습니다.

그 은혜를 기대합니다. 넉넉하실 그 은혜, 그 은혜를 기대합니다. †

60

주님이 미래를 책임져주세요
20170221

초창기부터 딸처럼 키운 아이가 오늘 고등학교 2학년에 들어 갔습니다. 전에는 우리 아이들도 보내지 못한 영어학원에 보내어 가르쳤더니 대견하게도 늘 좋은 성적을 받아왔습니다. 이 아이의 학비가 우리 아이들의 학비보다 더 많이 들어 재정적으로 쉽지 않았고, 주변에 이 일에 대해 수군거리는 사람이 적지 않아 마음이 힘든 적도 많았지만, 한 사람이 그 사회를 변화시킬 수 있다는 믿음으로 지금까지 수고를 아끼지 않았습니다. 오늘 이 아이의 학교 등록과 책, 두 벌의 교복, 모든 준비물을 챙겨서 교실에 들여보내고 나오는 발걸음이 한없이 가벼웠습니다.

지난번 단기 의료 선교팀과 동행하며 자신의 진로도 법대에서 의대로 바꾸고, 자신의 삶을 주님과 이 사회에 헌신하기로 한 그 마음이 감사합니다. 아이의 뒷바라지를 하는 것이 가볍지 않지만, 오래전 어둠의 땅 조선에 들어와 한 영혼을 키우고 그 영혼이 조선의 귀한 지도자들이 되게 한 선교사님들의 발자취를 조금이나마 흉내낼 수 있음이 감사한 일입니다.

아들이 한국에 갔다 와서 미문화원 같은 곳에서 계속 공부하기 위해 테스트를 받았는데 감사하게도 한 번에 네 단계를 뛰어올라 2년의 시간을 벌게 되었습니다. 해주는 것 없는 부모로서 감사하고 미안한 일입니다. 이 아들이 양질의 교육을 통해 주님 나라와 세상 가운데 쓰임 받는 자가 되었으면 좋겠는데, 그럴 만한 뒷받침을 해줄 수 있을지 걱정이 되기도 합니다. 그럼에도 주님의 일을 정말 온 몸을 던져 이루어나가면 이 아들의 미래를 주님이 책임져주실 줄 믿습니다. 또한 필요에 따라 주님이 선한 도움의 손길을 붙여주실 줄 믿습니다. 그 손길에 임할 주님의 복 주심이 충만하기를 전심으로 기도합니다. ✝

61

주님, 내가 양이 되게 하소서
20170315

파라과이엔 집마다 기르는 가축의 종류가 다양합니다. 대부분의 가축들은 낮 동안 자유롭다 못해 거의 자기 맘대로 여기저기 먹을 것을 찾아 돌아다닙니다. 그러다가도 어둠이 찾아오면 하나둘씩 꼭 집으로 돌아옵니다. 너무 제멋대로 돌아다녀서 길을 잃어버리면 어쩌나 싶을 정도인데 밤에는 어김없이 자기 집으로 돌아오는 것이 신기하기만 합니다.

하지만 단 하나, 양만 제외하고 그렇습니다. 양은 가축 중에서 단연코 제일 미련합니다. 자기 갈 바를 알지 못하고, 심지어 자신이 해를 당하고 있어도 소리조차 제대로 지르지 못합니다. 성경에서 우리를 양과 같다고 표현한 것은 어쩌면 가장 정확한 비유일 것입니다.

그와 반대로 비슷하게 생겼는데도 전혀 다른 행동을 하는 것이 염소입니다. 염소는 매우 영악하고 못된 성격이라서, 양이 얌전히 풀과 잎을 먹고 있을 때 염소는 굳이 올라가지 않아도 될 나무에 올라가거나, 잎을 놔두고 나무 몸통을 갉아먹어 기어이 나무를 죽이고 맙니다.

하지만 이런 못된 염소도 한 가지 쓸모가 있는데, 그건 움직일 줄 모르는 양 무리에 섞어 놓으면 활발한 염소가 들쑤시고 다녀서, 양들도 제자리에만 있지 않고 따라 움직인다는 것입니다. 그런 염소가 없다면 양은 제자리에서 맴돌며 그 근처의 풀만 뜯어 먹게 됩니다.

살아가다보면 양과 같이 순한 사람도 있지만, 염소같이 못된 사람도 적지 않게 만납니다. 심지어 거의 매일 얼굴을 맞대야 하는 사람 중에 많은 사람이 염소같이 나를 괴롭히기도 합니다. 하지만 그 염소가 없다면 나는 그저 현재의 삶에 안주하여 굳어져 썩어져 갈 것입니다. 때로는 그 염소 같은 사람이 나를 말할 수 없이 괴롭게 하고 곤란한 상황에 몰아넣기도 하지만, 오히려 그 상황이 있기에, 그 상황을 이기기 위해 우리는 현실에 안주하지 않고 떨쳐 일어설 수 있습니다. 때때로 그 사람의 염소 됨이 지나쳐서 감당하기 힘들 때도 있지만, 그 일을 통해 그 상황을 주님의 이름으로 이겨나갈 때 나의 삶과 신앙도 성장할 수 있을 것입니다.

그리고 더욱 중요한 한 가지, 나는 내가 양이라고 믿고 살지만, 누군가에게 나도 양이 아니라 염소일 수 있다는 것입니다. 더욱 근신하여 자신을 돌아보아야 할 것입니다.

그래서 오늘도 더욱 주님께 간구합니다. 주님, 내가 염소가 아니라 양이 되게 하옵소서. 염소를 만났을 때 나에게 해를 끼치는 것에만 집중하여 분노하기만 하는 우를 범하지 않고, 이 일을 통해 말씀하시고자 하시는 주님의 마음을 바라볼 수 있게 하옵소서. ✝

62

내 영혼의 삽자루
20170317

어제는 새벽부터 폭우가 쏟아졌습니다. 아침에 일어나보니 물이 집안까지 들어와 있었습니다. 웬만하면 물이 넘치지 않는데 이유가 궁금해 살펴보니, 물이 흐르는 도랑에 삽이 한 자루 놓여 있었는데, 물에 쓸려온 나뭇잎들이 그 삽날에 걸려 쌓이고 쌓여 도랑을 메워 물길이 막혀서 물이 빠져나가지 못하고 불어나 결국 집안까지 넘쳐 들어온 것입니다. 삽을 치웠더니 불어난 물살에 나뭇잎들이 모두 쓸려 내려갔고, 도랑으로 물들이 전부 빠져나가 금세 수위가 줄어들었습니다.

정말 보잘것없는 나뭇잎들이지만 하나, 둘 삽날에 걸리니 그것이 쌓이게 되었고, 한 자루의 삽 역시 그대로라면 물을 막을 수 있는 아무런 능력이 없지만, 나뭇잎들과 연합하자 결국 그 많은 물을 막는 역할을 감당하고 있었던 것입니다.

돌아보면 사역을 하다가 물길이 막힌 것처럼 가슴이 답답한 상황들이 적지 않게 있었습니다. 그런데 그 대부분이 어느 한 큰 사건으로 인한 충격보다는, 여러 번 계속되는 작은 사건들에 마음이 상해 결국 다리에 힘이 풀려 주저앉는 상황에까지 이르게 되었습니다. 우리의 마음을 힘들게 하고, 심지어 모든 것을 내려놓고 싶게 만드는 심령의 무너짐은, 어느 한순간에 대단한 충격보다는 매 순간 일상에서 겪는 자잘한 상처들이 쌓여서 된 경우가 대부분임을 봅니다. 그리고 그 중심에는 모든 상황에서 주인이 되고자 하는 고집스러운 자아가 삽자루처럼 박혀 있습니다. 결국 그 삽자루 때문에 걸림돌들이 걸리게 되고, 그것이 쌓이고 쌓이면 폭발하여 분개하거나 낙망하여 주저앉아버리게 됩니다.

삽자루를 뽑아버려야 합니다. 쌓여서 막고 있는 상황의 나뭇잎들을 원망하기보다 어긋난 고집스러운 내 자아의 삽자루부터 뽑아내야 합니다. 그래야 내 안에 쉬지 않고 솟아나는 성령의 물줄기에 그 더러운 장애물들이 씻겨나갈 것입니다.

그렇습니다. 나를 힘들게 하는 외부의 문제의 원인을 찾아 원망과 탄식을 하며 아까운 세월을 낭비하기보다 내 안에 바로 세워야 할 것, 뽑아버려야 할 것들을 찾아내야만 합니다. 그런 다음 아무런 망설임 없이 과감하게 제거해야 합니다.

오늘도 갈망합니다. 내 안에 깊게 박혀, 이제 내 몸의 일부인 것처럼 착각되고, 내 삶의 주인인 것처럼 주장하는 내 안의 그 삽자루를, 내 못난 그 자아를 뽑아내길 소망합니다. 아멘. 그렇습니다. ✝

63

타협의 대상
20170331

건축 중인 교회에 문과 창문을 가져다가 설치하고 다른 여러 곳을 들르기 위해 새벽에 출발했다가 신학교 수업 준비를 위해 오후 늦게 돌아왔습니다. 출발할 때는 몰랐는데 도착해서 보니 예비 타이어를 싣고 가지 않은 게 보였습니다.

파라과이는 다른 나라와는 비교가 되지 않은 정도로 도로에 경찰들이 많이 나와 있습니다. 그 이유는 지나가는 차들을 잡아 세워 온갖 꼬투리를 잡아 돈을 뜯어내기 위해서라고 합니다. 게다가 오늘은 매년 면허증 갱신세 마감 후 첫날이라 이를 잡으려고 더욱 많은 숫자의 경찰이 나와 있었습니다. 평소에 경찰과 문제가 생기지 않도록 모든 사항을 점검하고 있기 때문에 별걱정 없이 다녔고, 오늘 새벽에도 당연히 아무 걱정 없이 출발해서 목적지까지 도착했는데, 도착해서 보니 그들이 꼬투리 잡을 중대한 사항이 발견된 것입니다.

희한하게 오는 과정에서 그 많은 경찰 중 한 명도 차를 세우지 않아 그저 '오늘 운이 좋구나' 하고 생각하며 왔는데, 도착해서 그 문제를 발견하자 식은땀이 나기 시작했고, 문제는 '이제 어떻게 돌아가지?'였습니다. 올 때는 그 문제를 몰랐기 때문에 아무 걱정 없이 룰루랄라 왔는데, 갈 때는 그 문제를 알고 있기에 돌아가는 길이 결코 왔던 길만큼 편한 마음으로 돌아갈 수 없게 된 것입니다.

마음을 졸이며 돌아오는 내내 한 가지 생각이 마음에 가득했습니다. 이것이 마치 우리 안의 죄와 같다는 것이었습니다. 우리가 우리의 죄인 됨을 알지 못했을 때는 아무런 심각함 없이 죄를 즐기기도 하였습니다. 하지만 우리가 우리의 죄인 됨을 깨달았을 때 그 죄로 인해 우리의 마음이 견딜 수 없이 괴로웠습니다. 그렇지만 정작 가장 큰 문제는, 우리는 그 죄의 존재를 알고 있음에도 그대로 그 죄를 움켜쥐고 괴로움을 견디며, 심지어 그 괴로움이 익숙해지기를 기다리고 있다는 것입니다. 이미 우리 주님께서 십자가에서 죽으심으로 모든 죄의 사슬을 끊을 길을 열어주셨음에도, 여전히 죄의 고리를 끊어내지 않고 그 괴로움을 견디며 점점 익숙해지려 노력하기도 합니다.

결국 그 익숙해짐이 습관이 되고, 습관이 관습과 전통이 되어버려 죄를 더 이상 죄로 부르는 것조차 어색해지도록 하나의 문화로 만들어버립니다. 죄는 버려야 할 배설물같이 더러운 것이지, 결코 익숙해지도록 두어야 할 우리의 연약한 부분이 아닐 것입니다. 우리의 부족한 부분은 수고하고 노력해서 개선할 사항이지만, 죄는 결코 타협의 대상이 아닙니다. 그럼에도 불구하고 여전히 죄가 주는 순간의 달콤함과 관습화된 세상의 기준을 거부함으로 인해 당할 차별과 피해에 대한 두려움으로 인해 우리 안의 그 단호함이 깃들 자리를 빼앗겨 버립니다.

　예비타이어는 고민할 것도 없이 그냥 싣고 다니면 되듯이, 죄를 버려야 할지, 지니고 견디며 살아야 할지 고민할 시간이 우리에겐 필요하지 않지만, 사탄은 끊임없이 이 고민을 우리 마음에 욱여넣습니다. 하지만 우리 인생의 시간은 그 고민에 매몰될 시간이 허락될 만큼 넉넉하지 않을 것입니다. 그래서 더욱 주님의 이름을 부릅니다. 아멘. 그렇습니다. 주님. 더욱 주님을 부릅니다. ✝

64

성령의 단비를 부으소서
20170401

　파라과이에서 가장 중요한 고속도로는 수도에서 두 번째 큰 도시로 연결되는 2,7번 고속도로입니다. 2번은 국유도로이고, 중간 도시에서 나뉘는 7번 도로는 민자도로입니다. 한 나라의 가장 큰 도로임에도 단선 도로라서, 말이 고속도로지 한국의 지방도로 수준에 지나지 않습니다. 다행히 7번 도로의 복선 작업이 시작되었는데, 복선이 되면 추월차로가 생겨 지금보다 이동속도가 눈에 띄게 빨라질 것입니다.

　공사를 하는 모습을 보니 그동안 사람들이 무수히 다닌 단단해진 도로변의 땅에 살수차가 쉴 새 없이 물을 뿌리고, 그 물이 스며들어 단단한 땅이 부드러워지면 비로소 그 후에 불도저로 밀어내는 식이었습니다. 단단히 굳은 땅도 촉촉이 젖으니 작업이 전보다 훨씬 수월해진 것입니다.

　그 굳은 땅에 뿌려진 물을 생각해보았습니다. 그리고 단단히 굳어 죽어가는 이 땅의 영혼들을 생각해보았습니다. 하지만 아무리 단단한 땅과 같은 굳은 마음이라도 성령의 단비가 뿌려지면,

그 마음도 능히 흙갈이할 수 있는 옥토 같아질 것이라 생각했습니다.

그리고 그 물을 뿌리는 살수차를 생각해보았습니다. 이해하기 전에는 아까운 물을 쓸데없이 낭비한다고 오해할 수 있겠으나, 결코 그 수고가 헛된 것이 아니듯이, 지금은 도무지 결과가 보이지 않고 수고로움만 더하는 것 같으나 그 모든 수고가 결코 헛되지 않을 줄 믿습니다.

그리고 더 정직히, 더 적나라하게 생각해보니, 나 역시 그 굳은 땅과 같은 사람이라는 것이 보였습니다. 짧지 않은 사역 기간, 사람들로부터 당한 사기, 다른 인종으로 인해 겪어야만 하는 조롱과 경멸, 생각하고 싶지도 않은 살해의 위협 등으로 이 땅에 처음 발을 디뎠을 때의 마음이 비교할 수 없이 굳어져 있다는 것입니다.

부끄러운 고백입니다. 하지만 굳은 땅에 천막을 씌우면 결코 단비를 받을 수 없듯이, 완악해진 마음도 합리화와 핑계로 포장하면 성령이 새롭게 하시는 역사를 받을 수 없을 것입니다. 오늘 종일 한 찬양이 마음에 반복되어 울립니다. 가물어 메마른 땅에 단비를 내리시듯 성령의 단비를 부어 새 생명 주옵소서!✝

65

거룩한 불씨

20170428

도시는 그렇지 않지만, 파라과이의 대부분 지역에서는 식사 준비를 위해서 꼭 불을 피워야 합니다. 그래서 하루 세 번, 때가 되면 집마다 연기가 피어오르는 것을 볼 수 있습니다. 매번 불을 피우는 게 귀찮은 일일 수 있겠지만, 평생을 그렇게 살아와서인지 그런 불만을 들어본 적이 없습니다.

가만히 들여다보면, 두 개의 큰 화목이 시옷 모양으로 붙여져 있고, 그 만나는 점에 불이 은근하게 적당히 타올라서 모든 조리를 하게 되는데, 나무가 워낙 천천히 타는 관계로 조리가 끝날 때까지 나무가 다 타는 경우는 매우 드뭅니다.

그 후에 다 쓰고 난 불은 꺼야 하는데 끄는 방법이 매우 간단합니다. 물을 붓거나 억지로 물리력을 가하는 것이 아니라, 두 나무를 떼어놓기만 하면 불길은 사그라지고 얼마 지나지 않아 불은 자연스럽게 꺼집니다. 그러다가 다시 불이 필요할 때는 두 나무를 다시 붙여놓고 그 만나는 점에 살아 있던 불씨에 바람을 몇 번 불어넣으면 불이 다시 살아나는 것을 볼 수 있습니다.

이것을 보면 마치 교회와 같다는 생각이 들었습니다. 성령님을 불로 표현한 것이 매우 적절하다고 생각되는 것은, 교회와 성령의 역사도 함께 모였을 때 더욱 크게 일어나는 것을 볼 수 있기 때문입니다. 교회의 한자어도 가르칠 교(敎)에 모일 회(會) 자로 이루어져 있고, 원어로도 성도들의 연합을 말하는 것으로 볼 때 주님의 역사는 함께 모일 때 일어남을 볼 수 있습니다.

반대로 장작을 흩어놓으면 불길이 사그라지고 꺼지듯이, 사탄은 그 원리를 기가 막히게 잘 알아서 언제나 성도의 모임을 흩트려놓으려 합니다. 하지만 어찌어찌해서 불이 꺼졌다고 해서 불씨마저 사라진 것이 아닌 것처럼, 예수 그리스도의 핏값으로 사신 우리의 귀한 영혼들을 결코 포기하지 않으시는 성령님은, 우리를 떠나시지 않고 우리가 다시 모여 우리 안에 다시 불길이 일어나도록 친히 간구하며 기다리고 계시는 줄 믿습니다.

너무 작아서 보이지도 않을 것 같은 미미한 불씨 같은 우리의 믿음을 기쁘게 사용하시어, 주님의 거룩한 입김을 더하셔서 우리 안에 주님의 큰불의 역사를 이루시길 원하고 계심을 믿습니다. 하지만 우리는 종종 우리가 타다 버려진 장작개비같이 쓸모없는 존재라는 생각에 마음이 내려앉을 때가 있습니다. 내 안에 도무지 주님이 쓰실 만한 선한 것이 아무것도 없어 보여 낙심할 때도 있습니다.

하지만 세상도, 가족도, 심지어 나 자신도 나에 대해 포기하고 싶은 마음이 든 그 순간에도, 주님은 포기하지 않으시고, 내 안에 숨겨진 작은 불씨를 소중히 여기셔서 자신의 숨결을 불어넣으시어, 당신의 생명력이 넘치는 거룩한 사역을 위해 귀하게 사용하십니다. 그 한 사람, 한 사람이 한데 모여 자신을 불태우는 장작들처럼 연합하여 기도할 때, 세상을 뒤엎을 오순절의 불길 같은 성령이 우리 안에 충만해질 것입니다.

그렇습니다. 주님. 내 안에 주님의 거룩한 불씨를 사용하시길 원합니다. 나의 믿음 없으므로 큰불을 가지지 못하고 겨우 작은 불씨 하나뿐이지만 주님이 불어주실 성령의 입김을 갈망합니다. 내 안에 오셔서, 내 안에 충만하셔서, 그 불을 일으켜주옵소서. 아멘. 그렇습니다. 주님. 아멘. ✝

66
그 즉시 보혈로
20170429

교회 건축을 하려면 매번 시멘트 모르타르를 만들어야 합니다. 기초나 기둥의 철근을 위해서는 모래와 자갈과 시멘트와 물을 섞어야 하고, 벽돌을 쌓거나 바닥을 치거나 미장을 할 때는 모래와 시멘트와 액화 석회와 물을 섞어야 합니다. 이렇게 만들어진 모르타르는 죽과 같이 흐물흐물해서 저 단단한 건축물의 가장 중요한 재료라는 게 믿어지지 않을 정도입니다. 하지만 시간이 지나고 굳어지면 돌보다 단단해지고, 심지어 물을 뿌리고 시간이 더 지나면 더 단단해지는 마법을 부립니다.

이렇게 만들어진 모르타르는 여러 기구를 이용해 사용되는데, 당연히 그 기구들에 이 모르타르가 묻게 됩니다. 묻은 모르타르는 물로 씻으면 애쓸 필요도 없이 너무나 쉽게 씻겨 나갑니다. 하지만 씻지 않고 그대로 하룻밤만 내버려두면 씻어내기는커녕 떼어내기도 힘든 상태가 됩니다. 그래서 일과를 마칠 때 가장 중요한 것은 종일 사용한 기구들을 씻는 것입니다.

모르타르는 마치 우리 안의 연약함이나 죄 된 속성과 같아서 그 순간에는 아무런 영향력도 없어 보이지만, 그렇다고 해서 무시하고 방치해버리면 우리 안에 자리를 잡고 주인 노릇을 하며 굳어져, 나중에는 떼어내기가 너무나 어려운 악한 존재가 됩니다.

가장 확실한 방법은 '그 즉시'입니다. 그 즉시 씻어야 합니다. 연약한 우리는 죄를 짓지 않고 살 수 없지만, 그렇다고 해서 그 죄의 종노릇 할 어떠한 이유도 없습니다. 그렇기에 그 죄가 우리 안에 침노하는 '그 즉시' 그 죄를 씻어내야 합니다. 주님이 그것을 위해 십자가를 지셨음을 믿고 찬송을 올립니다. 세상의 어떤 방법으로도 지울 수 없는 그 죄를 씻기 위해 당신의 보혈을 십자가에서 흘려주셨습니다. 우리가 그 피를 의지하고, 그 피를 간구할 때 우리 안에 더러움들이 씻겨져 눈과 같이 되는 약속이 복음입니다.

우리는 우리의 연약함을 인정할 수밖에 없습니다. 그렇기에 매 순간 주님을 바라볼 수밖에 없습니다. 유일한 해결이 그분으로부터 흘러내리기에, 그 피에 내 삶을 씻습니다.

그렇습니다. 내 안에 매 순간 일어나는, 침노하는 죄의 발자국이 그림자를 남기기도 전에 예수 그리스도의 보혈로 씻겨내길 원합니다. 아멘. 그렇습니다. 주님. 내 안에 정결함을 이루소서. 아멘. ✝

67

내가 있잖아
20170805

저녁 예배를 마치고 먼 곳에서 온 성도들을 태워다 주고 돌아와 앉아 하루를 정리합니다. 10여 년째 반복되는 일이지만, 번거롭다는 생각을 한 번도 하지 않고 섬길 수 있어서 기쁜 마음이 드는 것이 감사한 일입니다. 돌아보면 선교지에 집사람과 돌 지난 아이와 이민 가방 몇 개 들고 옥수수밭에서 시작해 주님의 은혜로 여기까지 올 수 있었던 것은 매번 반복되는 이 소소한 섬김들이 쌓여서 이뤄진 것이고, 그 순간순간이 감사로 채워졌기에 가능했습니다.

통상적인 잣대로 본다면 철수해야만 하는 상황이 여러 번 있었는데도, 이겨내고 사역을 지속할 수 있었던 것도 이 섬김의 마음을 이해해주고 같이 기도해준 이 땅의 성도들의 모아진 마음이 있었기 때문이었고, 하고 싶고 누리고 싶던 모든 것을 내려놓아도 허전함이 아닌 당연함으로 마음을 채워주신 주님의 은혜였습니다.

어느 날 문득 사역지를 다니며 운전하다가 주체할 수 없이 눈물이 쏟아져 당황했던 것은, 갑자기 '모두 날 잊었구나'라는 생각이 심장을 후려칠 때였습니다. 고국에서 가장 먼 선교지였고, 변변한 인맥도 없으니 당연히 아무도 찾아오지 않을 거라는 생각에 마음을 내려놓았다고 했지만, 그 기간이 10년 가까워지자 모두 날 잊었고 혼자라는 생각이 엄습하면서 붙잡았던 감정의 끈을 놓쳐버렸던 것입니다.

혼자 울며 운전하는 것은 누가 보는 것이 아니기 때문에 후련해질 때까지 그리하다가, 알 수 없는 마음의 평안이 퍼져서, 아마 '울고 나면 개운해지는 그런 것인가보다'라고 생각할 때, 마음에 들려오는 음성이 있었습니다.

"내가 있잖아, 내가 있잖아."

주님의 음성이었습니다. 내가 마음껏 울게 옆에서 지켜보시다가 실컷 울고 더 이상 나올 눈물이 없어질 때, 주님은 자신의 마른 손으로 제 눈물을 닦아주시며 위로하신 것입니다.

"내가 있잖아."

우스갯소리처럼 제일 먼데 가면 힘들어도 돌아올 수 없기에 먼데로 왔다고 말하며 웃었고, 외로워하거나 표현하는 것은 믿음이 없고 선교사로서 자질이 없는 것으로 생각했지만, 나 역시 외로웠고 혼자라는 생각에 마음이 헛헛했던 것이었습니다. 강한 척, 믿음과 사명감이 투철한 척했지만, 실상은 누구보다 상한 마음을 견디며 살아온 것입니다.

그때 그 주님의 음성은 그런 나를 숨길 수 없게 만들었고, 감춰뒀던 모든 묵은 눈물을 끄집어내게 하였습니다. 그 일이 벌써 몇 년 전의 일이었지만, 그 뒤로도 가끔 그런 일들이 불쑥불쑥 일어나기도 합니다. 그럼에도 이미 한 번의 백신을 맞은 경험이 있어서인지 수월하게 그 감정을 다스릴 수 있게 되었습니다. 오늘도 성도들을 데려다주고 마지막으로 혼자 돌아오는 길에 그 마음이 슬며시 고개를 들기도 했었습니다. 그렇지만 그 마음을 달래줄 달콤한 사탕을 가지고 있기에 그 칭얼거림이 오래가지 않았습니다.✝

68
주님의 첫 발자국
20170810

오늘은 낮 기온이 35도까지 올라갔습니다. 계절상 9월 21일까지 겨울인데도 겨울 낮 기온치곤 너무 높다 싶은 날이었습니다. 그것 때문은 아니었지만, 오늘은 특별한 일을 하지 않고 지냈습니다. 정확히 말하면 할 수 없었습니다.

주일 아침부터 오른손 검지 마지막 마디가 부어올라 통증을 일으켰습니다. 어디에 부딪친 것도 아닌데 그 이유를 몰라, 이 약 저 약 먹어보고, 파스도 붙이고, 붕대를 감는 등 갖가지 방법을 써봐도 도무지 아픔이 가라앉지 않아 힘들어하고 있었는데, 누군가 지나가며 거미에 물린 것 같다고 말해주었습니다. 아마 토요일에 장갑을 끼지 않은 손으로 일하다가 물렸던 것 같았습니다.

그래도 항생제와 진통제를 먹으며 일하다가 어제 오후엔 발목이 접질려 주저앉고 말았습니다. 손은 아파도 한 손으로라도 일을 할 수 있었는데, 발을 움직일 수 없으니 일을 할 수 없게 된 것입니다. 쉬라는 말을 그렇게 듣지 않더니 이제 쉴 수밖에 없게 되었다고 말하는 집사람의 말엔 왠지 잘됐다는 뉘앙스가 느껴지기도 했습니다.

주중의 쉼은 어색하기만 했습니다. 몸살이 난 것도 아닌 쌩쌩한 몸으로 온종일 가만히 있자니 좀이 쑤셔서 견딜 수 없어 절뚝거리며 가벼운 주변 정리를 하기도 했습니다. 그러다가 문득 그동안 일을 할 줄만 알았지 제대로 쉬는 것을 연습해본 적이 없음을 생각하게 되었습니다. 그러면서 매일 일을 마치고 힘들다 피곤하다는 말을 입에 달고 살아왔었습니다.

나름 쉰다고 생각하며 지낸 시간도 돌아보면 육신만 쉬고 있을 뿐 머릿속엔 온통 다음 할 일들로 가득 차 있어서 동이 트기만 기다렸다가 스프링처럼 튕겨 나가 계획한 일에 몰두해 왔습니다. 그것이 성실한 것이라 생각했고, 그 모습에 스스로 만족하며 살아온 것입니다.

하지만 오늘 문득 온전한 쉼은 '육신의 아무것도 하지 않음'이 아니라 '마음의 완전한 비움'이라는 생각을 하게 되었습니다. 몸은 쉬고 있어도 마음에 온통 번잡한 것으로 도배한다면 그것은 진정한 쉼이 아닐 것입니다. 하나님이 6일간 일하시고 왜 하루를 쉬셨는지 생각해보았습니다. 완전하신 분이, 전지전능하신 분이 피곤하셔서 쉬지는 않았을 것입니다. 그분의 형상대로 우리를 만드셨기에, 우리의 삶에 쉼이 얼마나 필요한지를 직접 알려주시기 위함이라 믿습니다.

완전한 비움은 새로운 채움의 가장 중요한 선결 조건입니다.

내 안에 번잡한 사고의 찌꺼기를 온전히 걷어내고, 순전한 마음의 비워진 백지 위에 주님의 손가락으로 쓰신 첫 구절을 새기고 싶습니다. 매일 아침, 아니 매 순간 주님이 넘기시는 내 마음의 새하얀 첫 페이지에 그분의 손자국을 남기고 싶습니다. 아멘. 그렇습니다. 주님. 내 안에 소복이 내린 새하얀 마음 눈밭 위로 당신의 첫 발자국을 남기소서. 아멘. †

69

어찌 다 용서하시겠습니까?

20170906

차들의 엔진오일, 오일필터, 연료필터, 에어필터를 갈기 위해 정비소를 갔다가 무심코 차 아래가 궁금해 밑으로 내려가 차 바닥을 올려다보았습니다. 차 옆은 세차해서 깨끗한 상태였지만, 차 밑은 여기저기 긁히고 흙과 먼지가 덕지덕지 붙어 있어 지저분하기가 이루 말할 수 없을 지경이어서 속으로 '엄청 지저분하네!'라고 생각하는데, 마음에 한 소리가 들려왔습니다.

"마치 너와 같구나."

보이는 겉은 멀쩡해 보여도 보이지 않는 바닥은 더러운 것이, 마치 나와 같다는 말씀을 듣는 순간 부인할 수 없었습니다. 그 말이 맞기 때문이었습니다. 겉으로 사람들에게 보여지기는 나름대로 열심히 사역하는 선교사라고, 가끔 칭찬도 받지만, 정작 보여지지 않는 내면의 추함은 이루 다 말할 수 없을 지경입니다. 때로는 그 모습이 누군가에게 들키기도 하고, 나머지 시간엔 그 모습이 들킬까 노심초사합니다. 무엇보다 중심을 보시는 주님의 눈을 속이려고까지 합니다.

사람은 쉽게 누군가를 믿습니다. 아니 믿고 싶어 하고, 믿으려고 합니다. 사람이 자기 자신을 바라볼 때, 자신은 결코 믿을 만한 존재가 못 된다는 것을 알기에, 자신에게 실망한 마음을 믿을 만한 누군가를 찾아 만들어, 그에게 자신의 마음을 투영합니다. 우리는 부족하기에 우리의 부족함을 뛰어넘는 누군가를 갈망합니다. 그래서 누군가 나보다 조금만 나아 보여도 금세 그에게 몰입합니다.

사람은 또한 너무나 쉽게 실망합니다. 사람은 완벽한 존재가 아니라고 입으로 수도 없이 말하지만, 자신이 믿는 그 사람만은 완전한 존재가 되길 바라고, 또 그런 줄 믿어버립니다. 하지만 완벽한 존재란 애초부터 이 땅에 존재하지 않기에, 곧 자신의 믿음의 대상의 불완전에 실망하고, 그 실망이 믿음의 대상을 분노와 공격의 대상으로 바꾸어버립니다.

신앙생활의 시간이 더해지고 지식이 더해질수록 우리의 판단 기준은 하늘 높은 줄 모르고 올라가기만 하지만, 그 기준의 잣대를 들이대는 것은, 오직 타인에게만이지, 결코 자신에게는 동일한 잣대를 들이대지 않는데, 만일 우리가 타인에게 요구하는 잣대의 절반만 자신에게 적용하며 산다면, 우리 안에 결코 타인과의 불화는 일어나지 않을 것입니다. 우리의 믿음이, 우리의 지식이 다른 이를 평가하고 기준 짓는 수단이 된다면, 우리는 그것을 믿음이라 부를 수 없고, 다른 이름으로 불러야 마땅합니다. 그 이름은 '교만'입니다.

오늘 많은 일을 하며 정신없이 지냈지만, 머릿속에 오직 한 가지 생각으로 가득했습니다. '나는 어떤가? 보이지 않는 곳은 보이지 않기 때문에 더러운 그대로 내버려둔 채 겉만 멀쩡해 보이게 위선의 씻음으로 사람과 하나님 앞에 서 있다면 나는 얼마나 위선적인가?' 무엇보다 견디기 힘든 것은 이런 나를 용납하시기 위해 아프셔야 하는 주님의 마음이었습니다.

언제나 '당연히' 용납하고, 참으시고, 사랑하셔야 하는 분으로 이름 붙여놓고, 내 멋대로 그 한계를 농락하는 저를 보시는 주님의 피눈물을 나는 어떻게 감당해야 할지…. 그나마 이런 생각이라도 하는 게 용하지 않느냐고 죄 된 머리를 주님께 들이밀고 있지는 않은지…. 주님, 오늘도 주님의 십자가에 무거운 짐을 더 올려놓습니다. 못을 하나 더 박습니다. 어찌 다 용서하시겠습니까…. †

70

한 말씀만 해주세요

20171101

마음을 위한 기도가 필요합니다. 오늘 선교센터에 경찰들이 들이닥쳤습니다. 잘못한 것이 없기에 아무 걱정 없이 맞이했지만, 작정하고 들어온 이들에게 온종일 시달렸습니다. 서장부터 말단까지 다 와서 협박을 하는데 마음이 너무 힘들었습니다. 이유는 나무 창고 때문이었습니다. 누군가 선교센터에 엄청난 양의 나무가 있다는 밀고를 해서 쾌재를 부르며 달려온 것입니다.

나무는 합법적으로 관청에 신고하고 벌목하여 제재한 것들이기 때문에 문제 될 것이 없다고 생각했는데, 경찰들이 갖다내는 온갖 법률에 따르면 이미 대단한 범법자가 되어버렸습니다. 파라과이에서의 사역을 잘 아는 현지 사역자들이 소식을 듣고 달려와 설명을 해도, 이미 작정하고 온 이상 그들의 말을 들으려 하지 않았습니다. 오랜 시간 협박을 하다가 비친 본심은 왜 자기들에게 상납을 하지 않았느냐는 것이었습니다.

파라과이에서 파라과이를 위해 얼마나 많은 도움을 주었는지, 얼마나 많은 고아와 과부를 위해 집을 짓고 먹을 것 입을 것을 나누고, 마약 중독자들을 위해서, 가난한 이들을 위해서 헌신적으로 돕고 섬겼는지, 각처에 예배를 일으키고 예배당을 세운 것들을 사역자들이 아무리 설명해도, 그것은 자기들이 알 바 아니고, 오직 자신 주머니를 채우기에 급급할 뿐이었습니다.

온갖 협박의 끝은 나를 감옥에 넣겠다는 것이었고, 실제로 집행이 진행되었습니다. 합법적으로 마련한 나무들이 자신들의 눈엔 불법이니, 모두 몰수하고 현행범으로 넣겠다며, 이 일이 크게 벌어지지 않도록 지금 당장 자기들과 협상을 하라고 대놓고 말했습니다. 기가 막히고 말이 나오지 않는 상황인데, 이번에는 전체 나뭇값의 반을 달라고 요구하였고 이를 거절하자 지루한 논쟁이 진행되었습니다. 현지 사역자들의 눈물의 호소 때문인지 나중엔 만 불로 내렸다가, 다 가져가든지 감옥에 넣든지 마음대로 하라고 하자, 결국 몇 시간 만에 3천 불로 내렸습니다. 하지만 3천 불도 적은 돈이 아니고, 당장 있지도 않아서 많이 고민하다가 결국 다른 곳에서 빌리기로 했습니다. 여차여차해서 만든 돈을 건네려 온종일 빈정대며 협박한 젊은 서장에게 전화번호를 누르니 신호음이 복음성가였습니다. 가슴이 무너졌습니다. 웬만큼 신앙생활을 잘한다고 하지 않으면 전화 연결음을 복음성가로 하지 않는 문화인데, 대체 그가 믿은 복음이 어떤 문제가 있는 것일까요?

어제 온종일 무거운 짐을 짊어지고 다녀 무너져내린 어깨의 통증을 이를 악물고 버티며 일한 기억에 비명을 질렀습니다.

이러려고, 이 대접을 받으려고 온몸이 망가져도 부서져도 사역을 했던가…. 그런데도 이들을 사랑해야 한다는 주님의 마음을, 인간이기 때문인지 도저히 내 힘으로는 내 안에 채울 수 없어, 주님의 이름을 눈물로 부릅니다. 주님, 한 말씀만 해주세요.✝

71

복 주심으로 넘어가는 임계점
20171119

선교 사역을 하며 가장 기쁠 때는 내가 전한 복음으로 사람이 변할 때와 그 사람이 전도자가 되어 동족에게 복음을 전하는 모습을 볼 때입니다. 복음은 자국인이 자국인에게 자국어로 전할 때 가장 효과적이기 때문입니다. 주님으로부터 복을 많이 받은 선교사라 믿을 수 있는 것은 이런 사역자들이 많다는 것입니다. 모두 선교사보다 신실하고 주님이 기뻐하실 만한 사람들입니다. 특별히 자신의 입술로만 전하는 복음이 아니라, 삶으로 증거되고, 가진 모든 것을 나누는 모습은 천국에서 높은 보좌의 주님 곁에 서기에 부족함이 없을 아름다움입니다.

한 명의 사역자는 손과 발이 거칠어질 대로 거칠어져서 만지면 도저히 사람의 손발로 느껴지지 않을 정도입니다. 생계를 위해 노동을 하고 조금 얻어지는 것으로 가족뿐만 아니라 가난한 이들과 나누고 시간을 내어 심방과 전도를 하는 그 삶은 선교사가 감히 흉내도 내지 못할 정도입니다. 그렇게 다니다 몇 해째 타던 오토바이가 더 이상 고칠 수 없을 정도로 닳아서 교체할 때가 되었습니다. 지금 오토바이도 몇 해 전 중고로 구해준 것인데 이제 다 닳아버린 것입니다. 몇 달째 그 사실을 알리지 않고 직접 걸어서 그 먼 길들을 다녔다는 것을 알게 되었을 때 마음이 얼마나 짠했는지 모릅니다.

선교사는 에어컨이 나오는 차를 타고 다니는데, 사역자는 작열하는 태양 아래서 몇 시간씩 걸어다니며 심방과 전도를 해왔다는 것을 알자 부끄러움에 몸 둘 바를 몰랐습니다. 기도하던 중 얼마 전 다녀가신 한 장로님이 가족을 위해 재정을 주신 것이 있어 그것으로 사역자에게 오토바이를 구해주었습니다. 새것으로 사줄 여력이 없어 중고지만 새것과 다름없는 것을 구해줬는데 얼마나 좋아하는지 모릅니다. 그동안 말하지 않고 묵묵히 사역을 감당한 그 모습에 감사함과 미안함이 교차하였습니다.

지금까지 여러 사역자들에게 필요가 있을 때마다 주님의 인도함이 있었습니다. 사역자를 위한 급여나 교회를 위한 지원이 한 번도 없었지만 이런 일들을 위해 그때그때 채워주심을 경험하는 것이 놀라울 따름입니다. 저도 차량이 없어(마약 중독자 재활센터 부지를 구매하기 위해) 이동에 어려움을 겪을 때 주님이 마음을 주셔서, 나보다 먼저 현지 사역자를 위해 재정을 사용했을 때, 주님이 놀랍게 채워주시는 경험을 하기도 하였습니다. 그 차량으로 재활센터를 짓는 시멘트를 실어나르며 불렀던 찬양이 기억나기도 합니다.

주님은 언제나 우리에게 복 주시기 위한 임계점에 서 계신 것을 봅니다. 우리가 우리의 상식을 뛰어넘은 아주 작은 헌신을 할 때 주님은 기다리셨다는 듯이 당신이 준비한 복을 쏟아 부어주십니다. 그럼에도 우리는 언제나 그 아주 조금의 선을 넘지 못합니다. 믿음의 눈을 뜨면 보이는 그 선을 늘 볼 수 있길 소망합니다. 그렇습니다. 그 주님을 볼 수 있는 믿음의 눈이 매 순간 내 안에 뜨이길 원합니다. 아멘. 그렇습니다. †

72

우리는 노래할 수 있습니다
20180216

주일 낮 예배 가운데 특별한 간증이 있었습니다. 2년 전 암 선고를 받아 교인들과 함께 주님의 치유하심을 위해 기도했던 성도인데, 오늘 100퍼센트 완치 판정을 들었다고 이야기하며 이 모든 것이 주님이 하셨음을 고백했습니다.

사실 처음엔 그 상태가 너무 심각해서 살아날 가능성이 거의 없어 보였던 분이어서 기도하면서도 마음이 쉽지 않았는데, '단순하게 믿고 뜨겁게 기도하는' 교인들의 기도가 주님이 일하시도록 하셨습니다. 처음 얼마간은 제대로 걷지도 못했는데, 이제 예배 가운데 힘 있게 간증하고 특송까지 하는 모습을 보며 다시 한번 기도의 힘을 보게 되었습니다.

모든 기도가 기적을 가져오는 건 아니지만, 모든 기적은 믿음의 기도에서 시작된다고 믿습니다. 특송하는 그의 머리를 보았습니다. 항암치료로 머리카락이 다 빠져서 늘 머리카락 없는 머리를 두건으로 싸매고 다녔는데, 두건을 벗은 그의 머리에 짧은 머리칼이 자라고 있었습니다. 그 머리칼이 그의 희망의 모습이었습니다.

머리칼은 잘리는 그 순간부터 자라납니다. 우리에게 희망도 그렇습니다. 우리가 절망하는 그 순간에도 희망은 시작됩니다. 머리칼은 쉬지 않고 자라납니다. 비록 너무 더뎌서 그 속도를 느끼지 못할 뿐입니다. 우리에게 희망은 너무 멀다고 느껴지고 우리와 상관없어 보이는 때라도 우리 안에서 희망은 쉬지 않고 자라납니다. 우리가 사면에 우겨쌈을 당해 도무지 빛이 보이지 않는다고 절망하는 순간에도 주님은 우리를 포기하지 않으시고 우리와 함께하시기에 우리는 노래할 수 있습니다.

아멘. 그렇습니다. 주님이 계시기에 우리는 노래할 수 있습니다. ✝

73

어린아이처럼 주님을 붙잡습니다

20180411

파라과이 집에 인터넷이 작년 말부터 문제가 해결되지 않았다가 얼마 전에 겨우 새롭게 인터넷을 연결할 방법을 찾아냈습니다. 가끔 시내에 나간다거나 할 때 와이파이를 연결하여 메일이나 메시지를 확인하고 있는데, 불편함이 상당했습니다.

찾아가 아무리 말해도 상상할 수 없을 정도로 최대한 느림의 정수를 보여주는 파라과이의 업무 처리 방식에 너무 지쳐 계약을 취소하고 다른 방법을 찾고 있었는데, 이 역시 실망을 주지 않으려는지 차일피일 미루어 인내를 넘어 포기의 단계에 이르게 하였습니다.

생각해보면 이렇게나 불편한데, 인터넷이 아예 없었을 때는 그 불편함을 모르고 살았던 것 같습니다. 인터넷이 뭔지도 모르고 살았을 때는 그로 인해 불편하다고 느껴본 적이 없었던 것입니다. 정보는 당연히 책을 찾아봐야 했고, 소식은 며칠이 걸릴지 모르는 편지를 통해서 주고받는 것이 당연하다고 여기며 산 것입니다. 시골에서 산 아주 어린 시절에는 집에 전화도 없었지만 그 또한 불편함을 느끼지 못하고 살았었습니다. 물론 그 뒤 집에 전화가 생기고, 대학에 들어가 호출기가 생기고, 나중에 핸드폰이 생기고 나니 그것들의 부재에 불편함을 느끼기 시작한 것입니다.

어쩌면! 우리와 하나님과의 관계도 마찬가지일 것입니다. 우리가 하나님과 대화가 단절되었는데도 전혀 불편하지 않고 불안하지도 않는 것은, 엄밀하고 솔직히 말해 우리가 하나님과의 깊은 대화를 알지도 못하고 경험해보지도 못했기 때문일 것입니다.

하나님과 깊은 대화, 그 사랑의 음성을 들었고, 그 음성에 온몸이 떨리고, 심장이 터질 것 같았던 경험이 우리 가운데 충만하다면, 지금의 이 무미건조하고 헛헛한 상황과 마음이 결코 정상적이지 않고, 자연스럽지도 않으며, 매우 위험하고 문제가 가득한 상황이라는 것을 깨달아 어떻게든 하나님과의 핫라인을 회복하려 몸부림칠 것입니다.

하지만 우리는 찾지도, 갈급해하지도, 가슴을 치지도 않습니다. 겨우 가끔씩 있는 특별집회에서 잠시 잠깐 외쳐 부를 뿐입니다. 하지만 그 갈망의 총량은 주님께 닿기에 너무나 부족합니다. 나는 집에 인터넷이 몇 달째 끊겨서 불편해하는 것만큼 주님과 깊은 동행을 갈망하지 않을 때가 너무 많습니다. 아주 어릴 적 아버지와 함께한 기차 여정에서 아버지를 놓치면 죽을 것 같은 두려움에 아버지의 손을 있는 힘껏 잡았던 그 간절함만큼 주님의 손을 잡지 못할 때가 너무 많습니다.

주님이 아니어도, 나의 경험이, 나의 친구들이, 나의 동역자가, 나의 능력이 그 길에서 나를 헤매지 않게 해줄 것이라는 착각 때문입니다. 이제 다시 주님을 찾습니다. 붙잡습니다. 갈망합니다. 매번 반복되는 이 믿음 없음을 이젠 부끄러워하지 않겠습니다. 그렇습니다. 어린아이처럼 주님께 매달립니다. 아버지가 되신 주님, 날 안아주옵소서.✝

74
내가 그랬습니다
20180513

지난번 한국에 가서 처음부터 조급하게 적응하려다 오히려 몸에 무리가 가서 병원 신세 진 것을 답습하지 않으려, 시차 적응을 무리하게 하지 않고 자연스럽게 졸리면 눕고 새벽이라도 깨면 일어나 활동을 하고 있습니다.

한 달 동안 세워두었던 차량의 배터리가 방전되어 점프 선을 연결해 시동을 걸고 아침 일찍 선교센터 등을 돌아보았는데, 예상했던 것보다 모든 곳이 잘 관리되어왔음을 보고 안심이 되었습니다. 오전부터 만나야 할 여러 사람들을 통해 보고를 듣기도 하고 지시와 부탁을 하기도 했습니다. 무엇보다 한국에 있는 동안 가장 걱정이 되었던 서류 부분이 생각했던 것보다 긍정적인 방향으로 진행되는 것 같아 감사했습니다.

마지막으로 사역자 부부가 찾아왔는데 심각한 상태에 놓여 있음을 보았습니다. 누구보다 열심이 있는 사역자인데, 그동안 다른 사역자들과 문제가 있었던 것입니다. 파라과이 사람들은 한국 사람들에 비해 놀라울 정도로 순진하며 단순하고 감정적이어서, 정말 사소한 일로 관계가 오르락내리락합니다. 어떨 때는 마치 어린아이들을 보는 것 같은데, 생각해보면 그만큼 순수한 것이고, 주님이 그 부분을 귀하게 보시는 것을 알 수 있습니다.

하지만 매번 이런 일이 있을 때마다 중간에서 해결해야 하는 상황에 놓이니 조금은 지칠 때도 있는 것이 사실입니다. 정말 사소하고 간단한 것인데도 왜 이리 쉽게 삐치고, 또 쉽게 풀리고, 또다시 오해와 반목을 하는지 모르겠다는 생각 때문입니다.

파라과이 사역은 이 순수하고 단순한 사역자들이 서로 좋은 관계를 유지하게 만드는 데 많은 시간과 공을 들여야 하는 특징이 있습니다. 이야기를 들어본 후 내린 종합적인 결론은 이 새로운 사역자가 기존의 사역자들보다 더 열심히 일하는 데 따른 기존 사역자의 질투와 자신이 더 많이 일하는데 알아주지 않는 것에 대한 섭섭함이었습니다.

하지만 좀 더 적나라하게 말하면 자기가 가장 일을 열심히 한다는 자랑과 교만이 깃들어 있었습니다. 자신은 미처 알아채지 못하고 있지만, 듣고 있는 내내 나는 알 수 있었습니다. 왜냐하면, 내가 그랬기 때문입니다. 그의 말을 들으며 소름이 끼칠 정도로 나의 모습을 볼 수 있었습니다. "내가 다른 사람들보다 더 많이 일한다, 그러니 나를 알아달라", 주님이 그런 나를 볼 때 어떤 마음이 드시는지 알 수 있었습니다.

나도 그런 생각이 내 안에 가득할 때는 내가 그런 상태인지 몰랐습니다. 남들은 다 노는 것 같고 나만 일하는 것 같은 마음, 그래서 나만 힘든 것 같고, 결국 나의 의만 드러내는 추악함, 주님을 위해 일한다고 떠벌리지만 정작 나를 드러내고 나의 바벨탑만 쌓는 모습, 그러다 결국 제풀에 지쳐 "나 이제 그만할래요"라고 떼쓰는 어리석음.

그 사역자를 질책하지도 가르치지도 않고 기도하고 꼭 안아주었습니다. 주님이 그 마음을 만지시고 위로하시고 깨우치시길 기도했습니다. 그러면서 내 안에도 여전히 그런 마음이 똬리를 틀고 있지 않은지 뜯어보고 또 뜯어보았습니다. 조용히 주님 앞에 나아갑니다. 주님, 오늘 하루를 통해 나를 더욱 다듬어 가시니 감사합니다. 아멘. 그렇습니다. 주님.✝

75

주님께 내 믿음의 뿌리를 더욱 내립니다
20180531

덥지도 춥지도 않은 일하기 좋은 때인 요즘은 어느 때보다 바쁜 시간을 보내고 있습니다. 몇 군데의 교회 건축이 동시에 진행되고 있고, 선교센터엔 선교사 숙소를 짓고 있습니다. 15년 사역하며 그 동안 교회 식당에서, 교육관에서 살아오다가 이제 집을 짓기 시작합니다. 백마흔 곳 가까운 교회를 세우며 살 집을 짓고싶은 마음이 있었지만, 욕심인 것 같아 내려놓고 있었는데, 주님의 은혜로 간소하게나마 집을 지을 기회가 생겨 얼마나 기쁜지모릅니다.

교회나 집을 지으려면 가장 먼저 지을 자리를 선택하는 것이 가장 중요합니다. 무엇보다 계절마다 햇볕이 지나가는 방향이 다르기 때문에 가장 적절한 방향을 잡아야 하는데, 오랜 경험으로 가장 좋은 방향을 알고 있음이 감사함입니다. 또한 물길이 어떻게 흐를지 살펴야 하고, 지반의 기울기와 상태도 확인합니다. 그리고 다른 이들과 다르게 개인적으로 가급적 나무를 제거하지 않고 세울 수 있는 위치를 찾습니다. 그런 다음 기초에 철근 콘크리트를 부을 자리를 팝니다.

이때 겉에서는 보이지 않았는데, 조금만 파도 주변의 나무 뿌리를 만나게 됩니다. 근처에 나무가 있는 경우도 그렇지만, 나무가 꽤 먼 거리에 있는데도 지면 바로 아래 뿌리가 지나가는 경우가 매우 많습니다. 나무 뿌리 대부분이 이렇게 지면 가까이 뻗어 나갑니다. 기후와 토질이 좋은 파라과이에서는 나무가 굳이 뿌리를 깊게 내리지 않아도 되기 때문에 대부분 뿌리가 이렇게 얕게 뻗어 있습니다. 그런데 이것이 영양분을 얻기에는 좋은데, 비바람이 치면 상황이 달라집니다. 강한 바람에 나무가 쓰러져버리는 것입니다. 깊게 뿌리를 내렸다면 쓰러지지 않을 바람에도 한 지역의 모든 나무가 쓰러지는 경우도 있습니다.

늘 평안하고 안락하니 환난의 날을 대비하여 뿌리를 깊게 내리지 않은 것입니다. 나무 뿌리를 보며 비단 나무만 그런 것이 아님을 생각해보았습니다. 나 역시, 이 땅의 신앙인들 역시, 늘 편하고 쉬운 것만 찾다 보면 어려움이 닥쳐올 때 넉넉히 견딜 믿음의 뿌리를 깊이 내리지 못하고 보잘것없는 작은 환난의 바람에도 뿌리째 흔들리고 뽑혀 넘어지기도 합니다.

뿌리를 깊게 내리는 것은 결코 쉬운 일이 아닐 것입니다. 무엇보다 그런 수고를 왜 해야 하는지 이해하지 못할 때도 있습니다. 심지어 그런 수고를 조롱하는 이들을 곁에 두었을 때 그 일을 하기에 마음이 더욱 어렵습니다. 하지만 수고롭더라도, 때론 고통스럽고 조롱을 받는다고 할지라도 더 깊이 뿌리를 내려야 합니다.

주님께 더 깊이 믿음의 뿌리를 내려, 그분의 심장에 우리의 삶을 견고히 고정하고, 그분으로부터 솟아나는 영혼의 생수를 항상 공급받아야 합니다. 아멘. 그렇습니다. 내 영혼을 소생시키는 생명의 양분을 이미 준비하신 주님께 내 믿음의 뿌리를 더욱 내립니다. 아멘. 그렇습니다. 주님.✝

76

익숙하고 편한 것을 넘어서서

20180725

아이를 많이 낳는 파라과이에서는 교회에도 아기들이 많습니다. 작은 아기들이 어느 정도 크면 교회 바닥을 다 쓸고 다닐 정도로 활발하게 기어다닙니다. 그러다 어느 정도 시간이 지나면 걸으려 일어나는데, 자꾸 넘어지는 것을 볼 수 있습니다. 결국 여러 번 넘어지다가 포기하고, 다시 주저앉아 기어다니는 경우를 많이 보게 됩니다. 어렵사리 일어나 뒤뚱거리며 걷는 것보다 기어다니는 게 익숙하고 훨씬 빠르기 때문일 것입니다.

하지만 언제까지 기기만 할 수는 없을 것입니다. 어느 순간 기는 것을 포기하고 힘들더라도 걸어야 합니다. 그 순간이 익숙하지 않고 힘들고 느리지만, 그 순간을 이겨내야만 나중에는 기는 것과는 비교할 수도 없이 빨리 걷고 뛰는 시간을 맞이할 수 있기 때문입니다. 하지만 그게 쉽게 포기되지 않는가봅니다. 걷기 위해 일어나다 넘어질 때 받는 통증이 작지 않고, 지금 당장 걷는 것보다 기는 게 익숙하고 빠르기 때문일 것입니다.

그러나 걷는 것이 익숙하고 편해지면 다시 기어다니려고 하지 않을 것이며, 심지어 자신이 기어다녔다는 것조차 완벽하게 잊어 버릴 것입니다. '익숙하고 편한 것' 때론 이것을 포기해야 비교 할 수 없이 더 나은 것으로 나아갈 수 있습니다. 주님과 동행하는 삶보다, 예전처럼 살아가는 게 처음에는 분명 더 익숙하고 편할 것입니다. 주님을 바라보며 사는 것보다, 예전처럼 죄의 그늘에 사는 것이 익숙하고 더 편할지도 모릅니다.

하지만 그 익숙함은 나를 구원할 수 없습니다. 주님과의 동행 은 처음에는 분명 불편해 보이고, 어색하고 낯설어 보일 테지만, 그 안에 생명의 길이 있음이 우리에게 주어진 유일한 진리입니 다. 죄의 그늘에 기어다니던 삶을 이제 완전하게 청산하고 주님 과 걷고 뛰는 삶으로 변화되어야 합니다.

우리가 온전한 주님과의 연합을 이룬다면, 주님은 죄의 그늘에 기어다니며 종노릇 하던 것에 대한 우리의 기억조차 완전히 지워 주실 것입니다. 오늘 하루의 삶의 여정에 서서 주님을 바라봅니 다. 나의 욕망이 아닌 그분을 향한 나의 갈망을 채우시는 그 주님 을 기대합니다. ✝

77

주님의 체엔 오직 감사만

20180810

　선교사로 사역하기 위해 선교지에 답사를 와서 봐야 할 것은 선교지의 상황이나 생활에 대한 것이 아니라, 그 땅에서 역사하시는 하나님이 나에게 어떤 마음을 부어주고 계시는지입니다. 단순히 선교지에서 생활하기에 무엇이 얼마나 필요한지, 고국과 무엇이 다르고 무엇이 같은지에만 몰두하면 나를 이 땅으로 부르신 주님의 마음을 놓칠 수 있습니다.

　처음 이 땅에 발을 디뎠을 때 아무것도 없는 옥수수밭에서 아직 아기인 첫째와 이민 가방 3개를 들고 시작했던 그때를 생각해 보았습니다. 돌이켜보건대 그때는 정말 걱정이나 염려하는 시간도 사치라고 생각될 만큼 절박했을 때인데도, 그 시간이 너무나 소중하고 그립게 느껴지는 것은, 매 순간 함께하셨던 주님의 동행하심이, 슬프고 힘들었던 기억을 은혜의 지우개로 말끔히 지워내시고, 기쁘고 행복했던 기억으로만 내 심장을 채우시기 때문입니다. 내일을 위해 어제의 기억을 밝게 채색하시는 데 쉬지 않으시는 주님의 성실하심으로 오늘을 살게 하시고, 내일을 기대할 수 있게 하십니다.

그렇기에 매일의 삶의 끝자락에 감사밖에 남지 않습니다. 주님의 체엔 슬픔도, 절망도, 걱정도 다 걸러지고 오직 감사만 빠져나와 오롯이 내 마음에 새겨집니다. 그 주님이 계시기에 오늘도 '오직 감사'입니다. 감사합니다. 주님! †

78
오직 감사뿐
20180811

　오지 마을로 전도집회를 왔습니다. 차 소리도, 어떠한 인위적인 소리도 없고, 오직 풀벌레 소리와 동물들이 간헐적으로 내는 소리만 들립니다. 그런데도 핸드폰으로는 먼 나라의 지인과 메시지로 대화할 수 있다는 것이 신기합니다. 먹고 자는 것이 그리 좋을 수 있는 곳은 아니지만, 이슬을 맞지 않고 잘 수 있다는 것만으로도 감사한 일입니다.

　전에 전도집회 다닐 때 나무 밑에서 노숙하던 것에 비하면 성도가 마련해준 창문 없는 작은 방도 궁궐에서 지내는 것 같습니다. 말을 타고 다니며 전도하던 선교사에 비하면 차를 타고 다니는 나는 비할 수 없이 편하게 사역하고 있고, 방이 너무 좁아 대각선으로 누워도 다리를 다 펼 수 없었다는 조선에 온 서양 선교사들에 비하면 내가 누운 이곳은 운동장입니다.

　비교 대상을 어디에 두느냐에 따라 내 상황이 천국이 될 수도 있고 지옥이 될 수도 있습니다. 이 땅에 숨겨진 전도자들의 삶과 그들의 거친 손을 잡을 때 느껴지는 전율은 내 삶을 돌아보게 하고 부끄럽게도, 감사하게도 만듭니다.

　내일도 몇 군데를 돌며 말씀을 전하려 합니다. 그 걸음과 동행하실 주님의 미소를 생각만 해도 너무 좋습니다. 이 밤도 '오직 감사'뿐입니다. ✝

79

주님의 마음이 그들 가운데 충만케 하소서
20180812

하루를 온전히 주님과 함께하는 기쁨으로 채우는 경험은 참으로 특별합니다. 깊은 정글 작은 방에서 새벽부터 들리는 수탉들의 울음소리에 더 이상 잠을 잘 수 없어 깨었지만, 그 덕분에 하늘에 가득한 별들과 오랜만에 너무나 선명한 은하수를 보게 되는 감격이 있어 감사함으로 하루를 시작할 수 있었습니다.

아침부터 성도들이 정성을 다한 섬김의 대접을 받고, 가난한 형편에 딱히 드릴 것이 없어 자신들이 농사지은 것들을 한아름 챙겨주면, 다음 예배처로 가져가 그곳 성도들과 나누고 다시 거기서 챙겨준 다른 것들을 다음 예배처의 성도들과 나누어 결국 집으로는 양배추 한 덩어리를 들고 왔지만, 세상 그 어떤 것보다 귀한 섬김과 나눔으로 천국 같은 시간으로 하루를 채웠음에 감사합니다.

천국은 현실이 지옥 같은 사람들이 도피처나 이상향으로 그리는 현실회피용 위안처가 아니라, 이 땅에서도 성도들과 그리스도의 사랑의 나눔과 은혜의 교제가 실제로 체험되는 것에서부터 시작됨을 믿습니다. 이 땅에서 한 번도 천국 같은 삶을 경험해 보지 못한 사람은 천국에 가서 너무 낯선 이방인처럼 보일 것입니다.

이 땅에서도 현실의 삶은 녹록지 않으나 그럼에도 불구하고 주 안에서 사랑의 교제와 나눔을 통해 천국의 삶을 훈련한 사람은 천국에서 처음부터 마치 고향집에 온 것처럼 너무나 자연스럽고 편안한 영원의 삶을 누릴 수 있을 것입니다.

다만 마지막 말씀을 전한 곳의 성도들이 영적으로 침체되어 가라앉아 있는 모습에 마음이 아팠습니다. 자신들은 너무 연약해서 아무것도 할 수 없다고 주저앉아 도움만을 바라는 모습이 안타까웠습니다. 힘을 낼 수 있도록 따뜻하게 격려하고, 강력하게 권면도 하며 말씀을 전하는데, 눈물이 나서 견디기 어려웠습니다. 주님의 마음이 내게 부어졌음을 느꼈습니다. 주님이 이처럼 안타까워하심을 느낍니다. 그들에게도 그 마음이 부어지길 간절히 소망합니다.

오늘도 함께하신 주님, 오직 감사입니다. ✝

80

토기장이 되신 주님

20181102

　오늘 벽돌 생산지에서 큰 벽돌 1만6천 장을 가져와 내렸습니다. 해마다 여러 종류의 벽돌을 사용하는데 큰 벽돌은 5만 장 정도를 사용하니, 내년 사용할 벽돌의 1/3 정도를 가져온 것입니다. 벽돌을 생산지에서 사면 매우 저렴하게 구매할 수 있어서 살 수 있을 때 가능한 가장 큰 트럭에 실을 수 있는 최대한을 실어 옵니다. 이렇게 벽돌을 쌓아놓으면 마치 마른 논에 물 댄 것처럼 마음이 든든하게 느껴집니다.

　벽돌은 흙을 반죽해서 모양대로 빚은 후 마치 도자기처럼 불에 굽습니다. 벽돌을 굽는 가마 앞에 서면 그 화력과 온도가 얼마나 대단한지, 압도당하곤 합니다. 흙으로 벽돌의 모양을 빚었을 때는 아주 작은 외부의 힘에도 찌그러지거나 파이지만, 일단 구우면 매우 단단해져서 반으로 자를 때 기계를 이용해야만 잘리는 정도의 강도가 됩니다.

　그런데 모든 흙이 다 벽돌을 만들 수 있는 재료가 되는 것은 아닙니다. 오직 저지대의 시커먼 흙만이 벽돌로 태어날 수 있습니다. 파라과이에 끝도 없이 펼쳐진 아름다운 붉은 황토는 사실 보기에는 좋아도 벽돌로는 사용할 수 없습니다. 오히려 아무도 거들떠보지 않는 저지대의 검은 흙이 벽돌로 다시 태어날 수 있습니다.

그 검은 흙을 오랜 시간 강한 불에서 구우면 놀랍게도 아름다운 오렌지색 벽돌이 됩니다. 그 과정을 모르거나 지켜보지 않은 사람은 도저히 믿을 수 없는, 완전한 색의 변신이 그 뜨거운 가마 안에서 일어납니다. 가장 추한 색에서 가장 예쁜 색으로의 변신이 일어나는 것입니다. 거기엔 오직 하나, 자신을 온전히 태울 불, 그 불이 필요할 뿐입니다.

제대로 구워진 벽돌은 아름다운 오렌지빛인데, 제대로 구워지지 않은 벽돌은 그보다 짙은 색입니다. 얼핏 보면 그 짙은 벽돌이 더 단단해 보이기도 한데 그 벽돌은 보기엔 그럴 듯해도 그것을 사용하면 머지않아 비바람에 허물어지는 벽돌을 보게 됩니다. 연약해 보이는 오렌지빛이 오히려 가장 강한 벽돌임을 증명합니다.

또한 벽돌은 두드려보면 그 강함의 정도를 알 수 있습니다. 보기에 강해 보이는 짙은 색의 벽돌은 심지어 무겁기까지 하지만, 두드려보면 매우 둔탁한 소리가 납니다. 얼핏 그 무거운 소리가 더 단단할 것이라는 착각이 들게 할 정도입니다. 하지만 가장 강한 벽돌은 매우 맑은 소리가 납니다. 마치 실로폰을 두드리는 것 같은 맑고 청아한 소리가 실상은 가장 강함을 증명합니다.

성경에 주님을 토기장이로 비유함이 얼마나 탁월한 비유인지 모릅니다. 진흙 같은 우리를, 아무도 거들떠보지 않는 버려진 저지대의 검은 흙 같은 우리를 택하셔서 당신의 형상대로 빚으시고, 당신의 은혜의 가마 안에 성령의 불로 우리를 태우셔서, 이전의 추하고 어둡던 모든 모습을 변화시켜 밝고 아름다운 모습으로 거듭나게 하시고, 당신의 이름을 부를 수 있는 아름다운 소리를 우리 안에 채우셨습니다.

그 주님으로 인해 오늘도 찬양합니다. 그 주님으로 인해 오늘도 감사합니다! ✝

주님이
하셨습니다

4

81

섬기고 세우는 자가 되게 하소서
20200506

주일 날 문제가 발생한 차량을 수리하기 위해 점검해본 결과 예상했던 대로 트랜스미션에 문제가 있음을 발견했습니다. 무거운 것을 싣고 험한 길을 다니다보니 반 클러치를 많이 밟아서인지 트랜스미션 안에 부품들이 다 닳아서 더 이상 기어가 들어가지 않았던 것입니다.

작년에는 하부 완충되는 모든 부분이 닳아 교체했는데 이번에는 트랜스미션 안의 부품이 닳아 교체하게 되었습니다. 사실 자동차에 대해 잘 몰랐기에 엔진만 문제 없으면 이상 없는 것으로 생각해왔는데, 그 엔진에서 만들어진 힘을 바퀴로 옮기려면 반드시 이 트랜스미션이 제 역할을 해주어야 한다는 것을 알게 되었습니다. 엔진이 정상적으로 작동하고 동력을 생산해도 중간에 트랜스미션이 고장나버리면 차는 움직이지 않는 쇳덩이에 지나지 않게 됨을 봅니다.

자동차만 아니라 사역 가운데도 이런 트랜스미션의 역할과 그 역할자가 있음을 보게 됩니다. 흔히들 선교사가 엔진의 역할을 한다고 생각합니다. 얼핏 보면 마치 그 말이 맞는 것 같기도 합니다. 선교사가 자원을 끌어모아 가르치고 조직하고 이끌어가기 때문에 그렇게 보이기도 합니다.

하지만 복음은 '자국민이 자국민에게 자국어로 전할 때' 가장 큰 효과를 얻습니다. 선교사가 아무리 성경적 지식이 뛰어나고 언어적 능력이 탁월해도 결국은 한계가 있습니다. 물론 선교사가 탁월하면 그 당시엔 대단히 효과적인 결과물을 얻을 수 있습니다. 하지만 그 선교의 평가는 선교사 당대가 아니라 선교사 이후의 시대의 결과로 평가됩니다. 선교사가 당대에 놀라운 결과물을 얻었어도 그 이후에 그것이 지속되지 못하면 그 선교를 성공적이라 평가하기 어렵습니다. 많은 선교사들이 많은 업적을 이루었음에도 세대가 지난 후 그 선교지가 황무해지는 것을 보여주곤 합니다. 여러 이유가 있겠지만 결국은 선교사가 엔진 역할을 했기 때문입니다.

사실 선교사는 트랜스미션 역할을 해야 합니다. 복음을 전할 자를 잘 훈련해서 그들로 하여금 그들의 민족에게 그들의 언어로 복음을 전하도록 돕고 섬겨야 합니다. 사실 많은 선교사들의 눈에 현지인들의 상황이나 속도에 대한 답답함이 있습니다. 그 답답함은 조급증을 일으키고, 결국 앞장서 그들을 끌고 가려 합니다. 열정으로 강권하여 이끌고 갔지만 스스로 설 수 있도록 세워주지 않는다면 그 수고가 다음 세대로 이어지지 못하고, 다시 처음부터 새로운 누군가에 의해 반복되곤 합니다.

　이것은 비단 선교에만 나타나는 것이 아니라 우리의 신앙생활에도 동일하게 나타납니다. 우리는 우리 모두가 각자 엔진이 되고 싶어 합니다. 주님이 나를 그 일을 위해 부르셨다고 생각하기도 합니다. 하지만 모두가 엔진이라면 그 힘을 전달하여 달리게 할 섬기는 이의 역할은 누가 할 수 있습니까?

　오늘 트랜스미션 안의 닳고 닳은 부품들을 바라보며 마음속으로 나도 저렇게 되길 소망했습니다. 내가 엔진이 되어 내 맘대로 이리저리 끌고 다니는 것이 아니라 저 트랜스미션이 되어 더욱 섬기며 세워야겠다고 생각했습니다.

　자동차의 하부, 완전히 닫혀 전혀 그 모습이 보이지도 않아 그 수고로움이 전혀 드러나지 않는다고 할지라도, 그렇기에 누구 하나 나의 섬김을 알아주지 않는다고 할지라도, 묵묵히 주님을 위해 완전하게 내 안과 밖이 모두 쓰임 받아 이루어진 '거룩한 닳음'을 통해, 이 모든 수고가 마쳐지는 날 주님 앞에 착하고 충성된 종이라는 그 한 말씀을 듣는 것으로 온전히 기뻐하고 만족하는 이가 되길 소망합니다. ✝

82

그 날에, 그 날에!

20181215

　나흘간의 여독을 풀기 위해 어제 밤낮없이 깊은 수면에 빠지다 시차 때문에 새벽에 일어나, 파라과이에서는 정신없이 일하느라 정리하지 못한 최근 건축 사진을 정리하고 인터넷에 올렸습니다. 올 한 해 주님의 은혜로 22곳의 예배당과 마약 중독자 재활센터 내 식당과 선교센터 내 선교사 숙소와 몇 곳의 사택과 원주민 주택 등을 지었습니다. 무엇보다 감사한 것은 신학교에 첫 번째 졸업생이 23명이나 나오게 된 것이었습니다.

　앞으로의 사역에 대한 물음들이 간간이 들려옵니다. 그동안 앞만 보고 달려와서 생각해보지 않았거니와, 돌아보면 내 의지대로 되는 것이 아닌 온전한 주님의 계획대로 진행되는 것이었기에, 나의 계획과 욕심은 무의미한 것을 깨닫는 은혜를 주셔서, 계획하고 욕심을 부리는 데 시간을 허비하지 않았음이 다행입니다.

　한 가지 분명한 것은, 선교의 최종 목표는 지속과 자립이라는 것입니다. 선교사가 없어도 자립적으로 그 사역이 지속되는 것입니다. 그 시기가 언제일지는 오직 주님만 아실 것입니다. 그때를 평생에 보지 못하고 다음 세대에 바통을 넘겨주는 선교사가 있을 것이고, 이미 바통을 넘겨받아 그 사역을 지속하는 선교사도 있을 것이며, 그때를 이루어 훌훌 털고 일어나 그다음 지경으로 나아가는 선교사도 있을 것입니다.

오직 한 가지, 조급함을 내려놓아야 할 것입니다. 또한 더디다고 마음을 졸이거나 실망하지도 말아야 할 것이며, 신속하게 진행된다고 우쭐하거나, 이루어짐을 바라보며 마음을 놓거나 심지어 교만해지는 어리석음에도 빠지지 말아야 할 것입니다.

이집트에서 고통받던 이스라엘 백성의 울부짖음에 주님은 곧바로 해방자를 보내시지 않으셨음을 봅니다. 그때 한 남자와 한 여자 사이에 한 아이를 태어나게 하셨습니다. 그 아이 전에 적어도 2명 이상의 형제가 있었습니다. 그 더딤이 우리의 조급보다 나은 것은, 그로 인해 진정으로 성숙한 해방의 지도자가 그들 가운데 세워졌기 때문입니다. 청년 모세가 이스라엘을 이끌었다면 광야에서 자기 성질대로 자기 백성을 다 죽였을지도 모릅니다. 하지만 온유함이 지면의 모든 사람보다 뛰어났던 노년의 그는 그 백성이 가나안에 들어가도록 자기를 드려, 그 대로에 깔리는 돌이 되었습니다.

파라과이 집 안에 아름드리나무가 있습니다. 처음에는 작은 나무였는데 시간이 지나니 제법 큰 나무가 되었습니다. 주님이 그 땅에서 저를 부르시면 곤한 육신을 담을 널판이 될 나무입니다.

나는 단지 시작한 사람일 뿐입니다. 그 일을 이루어 가실 분도 주님이시고 그 결과를 내실 분도 주님이십니다. 그 주님의 인도하심대로 오늘 하루도 그저 주님을 향해 살아갈 뿐입니다.

그날들이 더해지고 더해지면 주님과의 영원한 시간의 초입에 들어설 것입니다. 그 날에, 그 날에 해보다 더 밝은 주님의 얼굴을 뵙는 것만으로도 내 가슴은 뛰고 벅차올라 견딜 수 없는 환희로, 큰소리로 외칠 것입니다. 할렐루야! 주님이 하셨습니다! †

83

성령의 필터를 내 삶에 씌우소서
20181225

　3주 전에 걸린 감기가 떨어질 줄 모르고 계속 기관지에 자리를 잡고 있습니다. 간헐적으로 토해내는 기침이 지속적으로 흉곽을 두드렸는지 기침할 때마다 적잖은 통증을 일으킵니다. 약이 약해서 그런가 생각하다가 문득 가장 설득력 있는 이유를 찾아내었습니다. 공기 때문일 것이라는 생각이었습니다. 선교지에서 더 이상 맑을 수 없는 공기를 마시며 살다보니 고국의 미세먼지를 기관지와 폐가 감당하지 못한 것으로 생각됩니다.

　고국에서 계속 살았다면 이런 공기에 적응되고 단련되어 어지간하면 문제가 없을 텐데, 선교지에서 맑은 공기만 들이켜 연해질 대로 연해진 폐와 기관지가 고국의 미세먼지 앞에 맥을 못 추는 것입니다. 늘 좋은 환경은 고난에 대한 인내의 근육을 퇴화시킵니다. 비단 이것이 육신에 한정된 것이 아니라 영적인 부분도 같을 것입니다. 늘 문제없이 좋은 환경, 혹 간혹 문제가 있어도 충분히 해결 가능한 수많은 방법이 산재한 환경 안에서 하는 신앙생활은 감당할 수 없는 상황에 맥없이 주저앉게 만듭니다. 그

것은 이제 막 신앙생활을 시작한 사람이든, 셀 수 없이 오랜 시간을 교회 안에 있던 사람이든 별반 다르지 않은 것을 종종 보게 됩니다.

너무 오랫동안, 단련보다는 안주함에 머물러 있었기 때문에 우리의 신앙 근육은 퇴화되어 연약해져 있는 경우가 많습니다. 고국에 와서 느끼는 점은 예전과 비교할 수 없을 정도로 사람들이 건강과 음식에 관심이 많아졌다는 것입니다. 텔레비전을 틀면 거의 모든 방송이 이 두 가지에 집중되어 있습니다. 육신의 건강을 그렇게 중요하게 생각하면서 영적인 건강에는 얼마나 집중하고 있는지 모르겠습니다. 강한 폐와 기관지가 미세먼지로 탁해진 공기를 넉넉히 걸러내는 것처럼, 영적인 건강함도 좋은 필터가 되어 많은 시련과 고난도 넉넉히 이겨내는 영적인 힘을 얻을 수 있을 것입니다.

아멘. 그렇습니다. 주님. 내 안에 성령의 강력한 필터를 입혀주셔서, 삶의 모든 자리에서 더러운 모든 죄의 침노함을 걸러내어, 오직 예수 그리스도로부터 불어오는 생명의 숨결만 들이키게 하소서.✝

84

나는 행복한 선교사입니다
20190202

파라과이로 돌아갈 날이 얼마 남지 않았습니다. 감당할 수 없을 만큼 큰 사랑과 섬김을 받았습니다. 주님의 사명을 감당하고 고난당하는 것이 당연한데, 오히려 환대와 대접을 받습니다. 주님은 머리 둘 곳도 없으셨는데, 그분의 종인 나는 도리어 너무 좋은 것들을 누립니다. 주님 보기가 송구스럽고 죄송스럽기만 합니다. 갚을 길을 알 수 없어 오직 주님의 갚아주심만을 구합니다. 그러면서도 주님이 받을 대접을 내가 중간에 가로채고 있지 않은가 가슴이 서늘합니다.

무익한 종입니다. 오직 무릎으로 주님께 고합니다. 무익한 종입니다. 파라과이 성도들과 메신저를 나누며 그들의 간절한 사랑에 가슴이 뜁니다. 하나같이 우리 가족을 너무나 사랑하고 그리워하며 빨리 돌아오기를 바라는 메시지들이 간절합니다. 오늘 한 성도가 "목사님, 당신의 가족들인 우리가 이 땅에서 당신을 너무나 기다리고 있다는 사실을 잊지 않으셨을 줄 믿어요"라고 보낸 메시지가 가슴을 울립니다.

생긴 것도 다르고 같은 것 하나 없는 나를 당신들의 영적 아버지라 부르며, 사랑이 적어 제대로 섬기지도 못하는 부족한 나를 위해 더 많이 기도하고, 더 많이 섬기고 보살피는 그들의 사랑을, 심장을 가진 한 사람으로 어찌 모를 수 있겠습니까? 당신들의 담임목사인 내가 아플 때, 당신들이 아픈 것처럼 모두가 금식하며 기도했던 그 사랑을 어찌 잊을 수 있겠습니까?

나는 행복한 선교사입니다. 때론 병으로, 때론 사고로, 때론 말로 다 할 수 없는 방해와 문제들로 힘들었던 시간들이 셀 수 없이 많지만, 그래도 난 누구보다 행복한 선교사입니다. 고국에서, 선교지에서 나보다 더 많이 나를 사랑해주는 많은 분들이 있기 때문입니다.

그렇습니다. 나는 행복한 선교사입니다. 다시 선교지로 돌아가면 아직 알지 못하는, 또 엄청난 일들이 나를 에워싸고 나를 무너트리려 하겠지만 두려워하지 않습니다. 그때도 동일하게 나를 믿고 나와 함께해줄 많은 동역자들이 있기 때문입니다. 이로 인해 감사합니다. 이로 인해 힘을 얻고 찬양을 부를 수 있습니다. †

85

생기보다 성숙을

20190309

한국에서 돌아와 바로 행사 두 개를 하고 나서 몸이 매우 아파 오랫동안 힘든 시간을 보냈습니다. 풍토병이 다시 걸린 게 아닐까 걱정스러울 만큼 오랫동안 고열에 시달리다, 열이 떨어지고 나니 기침이 심해 잠을 자기 어려울 지경이었습니다. 아플 때도, 진행하지 못한 일들이 마음에 걸려 안절부절못하며, 머릿속에 가득한 오만가지 생각을 통제하지 못해 괴롭힘을 당했습니다.

이제 좀 나아졌다 싶어 조금 무리해서 여러 곳을 장거리로 다녔더니, 다시 몸이 견디지 못하겠다고 아우성을 치는 것 같아, 마음을 따라주지 못하는 몸과의 괴리감에 당황하기도 했습니다. 이제는 예전같이 임계점까지 몸을 몰아붙이며 사용하면 반드시 탈이 나는 시점에 이르게 되어, 한편으로는 나 자신에 대해 실망하기도 하고, 약해진 나의 육신으로 인해 서글픔도 들었습니다. 다른 건 몰라도 '성실하게, 최선을 다하여, 온몸을 바쳐'라는 말을 잃고 싶지 않기 때문일 것입니다.

이제는 그럴 수 없다는 것과 그렇게 하면 반드시 육신에 문제가 생긴다는 것을 알게 되었다는 것은 인정하기 어려운 것입니다. 하지만 가만히 기도하는 가운데 주님이 주시는 마음은 '왜 그래야 하니?'라는 것이었습니다. 그러면서 솔직하고 적나라한 나의 마음속의 생각은, 그렇게 함으로써 받는 '사람의 인정'에 대한 목마름 때문이었음을 알게 되었습니다.

끊임없이 스스로 비교하고 평가하며, '그보다 조금 더'를 외치며, 그렇게 혹사하여 얻어지는 결과물에 대해 사람의 평가에 목매고 있었음을 보게 되었습니다. 나는 그게 사명을 맡은 자가 당연한 해야 할 일이라는 명분을 내세웠지만, 사명을 의무로 생각했고, 의무를 수행하면서 응당 바라지 말아야 할 '인정받음'을 구했던 것입니다. 그러면서 '주님은 어떻게 생각하실까?'를 생각해보았습니다. 주님은 결코 그런 것을 원하시지도 요구하시지도 않으셨는데, 내가 스스로 그렇게 믿어버리고 뛰쳐나가, 허덕이다가 지쳐 쓰러진 것입니다.

오늘이라는 날은 앞으로 내 인생 가운데 가장 젊은 날입니다. 젊다는 것은 가장 생기가 넘치는 날이라는 것이고, 결국 이 말은 시간이 더 해질수록 육신의 생기는 당연히 점점 줄어들 것이라는 말이 될 것입니다. 하지만 성숙은 오늘보다 내일 더 깊어질 것입니다. 비록 오늘의 생기가 내일 동일하게 주어지지 않는다고 할지라도, 내일은 오늘이 못 채운 성숙의 정도에 깊이를 더할 것입니다.

주님은 내가 분주하게 일에 매몰되어 번아웃되는 것보다 오히려 더 성숙하고 깊어지며 당신과의 동행의 걸음이 더 친밀해지길 원하시는 것입니다. 그렇다면 어제 같지 못함에 안타까워하기보다는 오늘보다 깊어질 내일을 기대함이 자연스러운 우리의 특권일 것입니다.

아직 몸이 온전히 회복되지 않아 어려움이 적지 않지만, 그럼에도 여러 곳을 다니고, 여러 사람들과 만나고, 여러 일들을 진행할 수 있음에 감사하고, 무엇보다 주님을 더 바라며 깊은 기대감 가운데 하루를 살 수 있음이 기쁨입니다. 비록 내일이 오늘보다 힘이 든다고 할지라도, 분명 오늘보다 더 깊어지고 성숙할 것이기에 기대하며 나아갈 수 있습니다. 아멘. 그렇습니다. 주님. 내일을 기대합니다.

86

절망의 구름 위를 넘어 은혜의 햇살로

20190319

참으로 오랜만에 하늘에 별이 떴습니다. 십 수일간 계속 내린 비가 오늘 저녁에 그치고 맑은 밤하늘이 새초롬하게 얼굴을 내밀었습니다. 그동안 비가 내리고 구름이 가득할 때 보이지 않던 별들이 더욱 빛나 보이고 반갑기까지 한 것이, 마치 먼 길을 떠났다 돌아온 오랜 친구를 다시 만나는 것만 같았습니다. 하지만 별은 어디 멀리 다녀온 것이 아니라, 사실 그 자리에 늘 있었습니다. 다만 나와 별 사이에 구름과 비가 가로막혀 오랫동안 볼 수 없게 만들었을 뿐입니다.

얼마 전 밤에 비행기를 탈 일이 있었는데, 그날 기상 상태가 매우 좋지 않았습니다. 이렇게 궂은 날씨에 비행기가 뜰 수 있을지 의심스러울 만큼 날씨가 좋지 않았습니다. 하지만 비행기가 활주로를 힘겹게 차고 올라서 한참을 그 험한 비구름을 뚫고 오르자 그 위에는 마치 아래 세상에 무슨 일이 있는지 전혀 신경 쓰지 않는다는 듯이 매우 맑고 잔잔한 밤하늘이 펼쳐져 있었는데, 사실 정확히 말하면 그 하늘은 늘 언제나 그랬듯이 그렇게 그 자리에서 밝은 빛을 내뿜고 있었을 뿐이었습니다.

인생의 폭풍우는 전혀 예상하지 않은 때에 아무런 예고 없이 내 삶에 무례하게 밀고 들어옵니다. 그 고난의 시간은 내 상황과 함께 내 마음까지 우울한 비구름으로 채워 하늘의 밝은 별을 볼 수 없게 만들어서, 평안할 때 늘 충만한 것만 같았던 주님의 은혜의 빛마저 내게서 떠난 것같이 느껴지게 만들곤 합니다.

하지만 은혜의 빛은 떠난 것이 아니라 가로막힌 것뿐입니다. 별이 늘 그 자리에 있으나 비구름이 그 존재를 가로막은 것처럼, 별은 결코 그 자리를 떠나지 않고 그 구름이 걷히길 잠잠히 기다리고 있습니다. 고난의 시기에 주님의 은혜가 떠난 것이 아니라, 내 마음의 구름으로 가로막혀 내게 느껴지지 않을 뿐, 결코 그 은혜의 빛이 우리를 떠난 적이 없습니다. 주님은 내가 어떠한 상황 가운데 있든지 간에 변함없이 그 자리에서 우리에게 자신의 거룩한 빛을 비추어주십니다.

강렬한 태양빛도 얇은 종이 한 장에 막히면 그 종이 너머로 자신의 빛을 전해주지 못합니다. 우리에게 주님의 은혜의 빛이 너무 크고 강렬한데, 우리가 우리 마음의 장벽으로 그 은혜를 받아 누리지 못하는 것과 같습니다. 걷어내야 합니다. 치워버려야 합니다. 우리는, 은혜의 빛 안에 거하기에도, 그 은혜를 다 누리기에도 너무나 짧은 인생을 살고 있습니다. 좌절하고, 낙심하고, 분노할 시간이 없습니다.

그런데도 온종일 은혜의 빛 안에 있는 시간이 그리 충만하지 않음을 봅니다. 때로는 오히려 반대의 시간이 더 많음을 봅니다. 그 순간마다 주님께 그런 나를 올려드리고 도우심을 구합니다. 우리의 연약함을 치유하시고 회복시키시는 것을, 단 한 번도 귀찮아하거나 부담스러워하지 않으시고, 늘 기꺼이 그 수고로우심을 마다하지 않으시는 주님을 찬양합니다. 아멘. 그렇습니다. 주님. 그 주님의 일하심을 감사합니다. †

87

공동체 가운데 배터리 같은 삶이 되게 하소서
20190321

오늘 자동차 배터리를 구매하기 위해 브라질에 다녀왔습니다. 성능이 좋은 브랜드의 배터리가 마음에 들었는데 가격을 비싸게 불러 지리한 협상 끝에 20퍼센트를 깎아서 구매하였습니다. 그런데 새 배터리를 차에 부착하려고 보닛을 열어보니 새 배터리가 배터리 자리보다 커서 결국은 달 수 없게 되었습니다.

원래 사이즈보다 더 힘이 센 것을 산다고 더 큰 것을 샀더니, 오히려 쓸 수 없는 상황이 된 것입니다. 지난 여름에 낡은 차로 장거리(900여 킬로미터)를 가다가 중간에 배터리가 완전히 소진되어 작열하는 태양 아래 온종일 고생한 적이 있어, 무조건 배터리를 크고 센 것으로 사야 한다는 생각에 결국 일을 두 번 해야 하는 상황이 된 것입니다. 결국 배터리를 바꾸러 내일 다시 국경을 넘어야 할 것 같습니다.

배터리는 차량에 전기를 공급하는 역할도 하지만, 가장 중요한 것은 안정적으로 시동을 걸고 유지해주는 것입니다. 아무리 새 차량이고 엔진을 비롯한 모든 부품이 정상이라도 배터리의 도움

없이는 그 모든 것들이 무용지물이 되어버리고 맙니다. 시동을 걸기 위해 순간적으로 많은 전기를 사용하게 되고, 또 소모된 만큼 채움을 받지 못하면 나중엔 그 수명이 다해 더 이상 그 기능을 발휘할 수 없음을 봅니다.

그 채움은 차가 움직일 때 함께 돌아가는 발전기가 자신을 움직이게 힘을 내준 배터리에 다시 전기를 전해줌으로 이루어집니다. 차 한 대에도 수많은 부품들이 있고, 각 부품들은 각자 맡은 역할을 감당합니다. 어느 하나 자신의 역할을 감당하지 않으면 결국 나머지 전체가 자신의 역할을 감당할 기회를 상실하게 됩니다. 그리고 한 부품이 그 역할을 감당함으로 다른 부품에게 힘을 더해주고, 다른 부품의 역할로 힘을 얻은 또 다른 부품이 그 역할을 수행함으로 나머지 전체에 힘을 전해줍니다.

우리는 우리가 속한 공동체 안에서 한 일원으로 살아갑니다. 때로는 그 공동체 안에 내 역할이 매우 크게 보일 때도 있고, 때로는 전혀 주목받지 못할 때도 있습니다. 그렇다고 해서 내 작은 역할에 실망하여 자신의 역할을 무성의하게 수행하거나 멈춰버리면 내가 속한 공동체는 그 힘을 발휘할 수가 없습니다. 비록 빛나 보이고 주목받는 역할이 아닐지라도 자신의 역할을 묵묵히 감당해 나갈 때 그 공동체는 살아나고 빛이 납니다. 그리고 그래야만 그 공동체 안에 한 일원인 나도 그 공동체의 도움으로 살아낼 수가 있기 때문입니다.

교회는 세상이 가장 이해할 수 없는 공동체임이 분명합니다. 세상의 기준으로는 아무런 이해관계도, 심지어 세상의 높고 낮음의 어떠한 가치판단 기준에도 부합하지 않는 사람들의 평등이 이루어지는 곳이기 때문입니다. 아무런 대가 없이 헌신함으로 교회 공동체를 살리고, 그 공동체 안에서 참 평안과 안식과 힘을 얻는 곳이 우리가 속한 우리 교회 공동체입니다.

그럼에도 사탄은 여전히 우리 공동체 안에 세상의 가치판단 기준을 슬그머니 밀어 넣는 일을 결코 포기하지 않고 있습니다. 그리고 끊임없이 비교하게 만듭니다. 누가 높고, 누가 중요하냐는 이 비교의 악한 계략은 심지어 예수님 앞에서 제자들조차 예외가 아니었습니다. 누가 높고 중함의 기준은 결코 존재하지 않으며 우리의 이 짧은 인생길 가운데 논하기에는 너무나 시간이 아까운 논제입니다. 사랑하고 섬기며 생명을 일으키는 데 쓰기에도 우리 인생의 시간이 너무 짧기 때문입니다.

누구나 엔진이 되어 주목받고 늘 점검받고 관심받고 싶어 하는 것이 인간의 본성이지만, 배터리처럼 무겁고 둔탁하고 어두운 곳에서 전혀 주목받지 못하는 인생이라 할지라도, 나의 헌신의 불꽃이 엔진에 점화되어 거대한 우리 공동체를 살리고 움직이게 될 것을 믿습니다. 아멘. 그렇습니다. 내 삶 가운데 세상에서 주목받는 밝기에 연연하지 않고 주를 향한 내 삶의 성실함에 주목하겠습니다. 아멘. ✝

88

내 영혼의 방패막이

20190328

지난주부터 건축 사역을 다시 시작하였습니다. 이제는 예전처럼 삽질, 망치질, 벽돌쌓기 등을 직접 하지는 않지만, 건축에 필요한 모든 준비를 하는 것은 여전히 나의 몫입니다. 먼 곳에서 작업할 때는 몇몇 자재들을 현지에서 구매하지만, 가까운 곳에서 일할 때는 가능한 자재들을 실어 나릅니다.

특별히 지난 연말에 많이 사놓은 좋은 벽돌들을 지난주부터 현장으로 나르고 있습니다. 한국에 다녀오면서 서너 달 직접적인 노동을 하지 않다가 오랜만에 하다보니 이곳저곳 상처가 나는 곳이 많은데, 특별히 손을 베인 상처들이 많습니다.

손을 베게 만드는 것은 놀랍게도 벽돌입니다. 한국과 다르게 이곳의 벽돌은 흙을 구워서 만드는데도, 벽돌 모서리 부분이 날카로운 것이 종종 있습니다. 품질이 좋지 않고 저렴한 벽돌은 무르기도 하지만, 좋은 벽돌은 두드리면 날카롭고 청아한 소리가 날 정도로 단단한데, 부스러기마저도 단단하게 구워져서 자칫 손을 베게 할 정도입니다.

그런데 그 벽돌의 원재료는 온전히 흙, 그것도 가장 무른 진흙입니다. 그 흙이 얼마나 곱고 부드러운지 바늘을 올려놓아도 가라앉을 정도로 무른데, 그것으로 모양을 만들어 말리고 가마에 들어가 엄청나게 뜨거운 불길에 오랫동안 구워지면, 마치 돌처럼 단단하게 굳어집니다. 불은 모든 것을 태우고 사르지만, 그 불을 지나면 이전의 모습과는 도무지 비교할 수 없을 정도로 다른 존재로 다시 태어나게 만듭니다.

진흙의 입장에서는 뜨거운 불 가운데 놓인다는 것이 결코 반갑지 않은 일일 것입니다. 마치 우리 인생 가운데 불같은 시련이 단 한 번도 반가웠던 적이 없었던 것처럼 말입니다. 하지만 그 불을 지나면, 그 시련과 연단을 지나면 세상 무엇보다 강하고 담대해져, 자신을 주무르던 그 손마저 벨 수 있을 능력을 얻게 됨을 봅니다.

몸과 영이 연약한 우리는, 마치 주무르는 대로 농락당하는 진흙처럼 사탄의 시험 가운데 수치를 당하기도 하지만, 그 시련의 시간을 성령의 불로 더욱 강하게 훈련받으면, 오히려 그 사탄의 손을 베어낼 수 있는 능력을 얻게 될 것입니다.

전에도 벽돌을 한두 번 나른 게 아닌데 '왜 요즘 이렇게 상처가 많이 생기나?'를 생각해보니 내 손에 문제가 있었음을 알게 되었는데, 그건 바로 굳은살이 사라졌기 때문이었습니다. 매일 일을 하면서 손에 자리 잡고 있던 굳은살이 그전에는 벽돌의 날카로움을 오히려 넉넉히 막아내었는데, 서너 달의 시간 동안 그 굳은살이 벗겨지고, 새로 난 연한 새살은 그 날카로움을 견뎌내지 못했던 것입니다.

굳은살은 분명 보기 좋은 것은 아니지만, 그 존재로 인해 나를 지켜주는 방패막이의 역할을 해왔던 것입니다. 단시간에 무리하게 노동하면 물집이 잡히고 결국 터져서 고통을 주지만, 오랜 시간 꾸준하게 노동하면 자연스럽게 그 자리에 굳은살이 생겨 외부의 위험으로부터 자신을 지켜줍니다.

손에 굳은살처럼 내 영혼에도 그것이 생기길 소망합니다. 그래서 사탄의 시시껄렁한 시험에 이리저리 흔들리는 연약하기 그지없는 자가 아니라, 어지간한 시련 정도는 코웃음 치며 믿음으로 돌파할 수 있는 영적 방패막이가 생기길 소망합니다.

단시간에 이뤄지지 않을 것입니다. 단시간에 이루려면 되레 물집만 생길 것입니다. 오랜 시간, 꾸준하게, 진득하게, 주님을 향해 나아가며 주님의 발걸음 위에 내 삶을 올려놓을 것입니다. 오늘도 내 손에 부끄럽지 않은 보람찬 하루를 보냈습니다. 주님, 주님 보시기에 오늘 저는 어땠나요? ✝

89

오늘은 오늘의 기도로 살아내야 합니다
20190329

한국에 방문하면 많은 분들로부터 귀한 대접을 받습니다. 특별히 여비를 준비해주시는 분들도 계신데, 처음에는 죄송하고 부끄러워서 사양한 적도 많았는데, 시간이 지나며 보니 그럴 일이 아님을 알고 나서부터는 주시는 대로 감사히 잘 받게 되었습니다. 왜냐하면 그것들이 말 그대로 여비로만 사용되지 않고, 그해에 가장 필요한 부분에 늘 쓰이는 것을 보았기 때문입니다. 만일 그 여비를 개인적으로 사용했다면 영 쑥스러운 일이겠지만, 대부분이 그때그때 필요한 주님의 사역에 쓰이니 오히려 주시는 분에게 더 큰 의미가 될 것이라 여겨 당당하게 받게 된 것입니다.

어느 해에는 다른 때보다 많은 금액이 모일 때도 있고, 어느 해에는 적게 모일 때도 있습니다. 하지만 그 금액은 놀랍게도 그해 가장 필요한 부분을 채울 수 있는 정확한 액수였습니다. 부족하지도 않고, 남지도 않는 정도로 정확한 쓰임을 보며 주님의 섬세하신 배려와 계획에 놀라지 않는 해가 없었습니다.

교회를 세우는 데는 후원이 있었으나 그 밖에 건축의 필요나 사역자의 필요에 관한 것들은 지원받기 어려운 상황이었지만, 그때마다 그 해 받은 여비들이 그 역할을 톡톡히 해낸 것입니다. 여비에 따라 비교적 큰 프로젝트부터 소소한 프로젝트까지 주님의 일하심의 섬세하심과 지속성에 경탄을 금할 수 없었습니다. 그렇기 때문에 많이 들어온다고 내심 기뻐하거나 적게 들어온다고 실망하지 않게 되었습니다.

사역지에서 간혹 만나는 사람들이나, 현지에 사는 한인들이나, 방문한 사람들이 보기에 생활이 궁상맞다고 생각할 수도 있을 것입니다. 어제 문득 집 안을 둘러보니 거의 모든 것이 누가 쓰다 주었거나, 직접 만든 것으로, 돈을 지불하고 산 것이 거의 없음을 보게 되었지만, 감사하게도 단 한 번도 그것을 인식하거나 염두하고 살아본 시간이 없음을 알게 되었습니다.

내일은 알 수 없는 시간들의 첫날입니다. 많은 사람들이 내일의 일을 위해 오늘을 소비하며 살아가며, 정작 오늘의 중요함을 상실합니다. 오늘의 수고로 내일 쓸 것을 쌓아두고 만족합니다. 그리고 내일이 되면 또다시 그다음을 위해 무언가를 쌓아두기 위해 온 힘을 다 쏟아냅니다. 그렇게 해서 몇 년씩 쓸 수 있는 것을 쌓아두고 만족해합니다. 그리고 내일의 쓸 것이 있기에 오늘 기도하지 않습니다.

'만나'는 내일을 위해서가 아니라, 오늘만을 위해서 주신 것입니다. 그 이유는 하나님께서 내일 것까지 미처 준비하지 못하셔서, 카드 돌려막기 하듯이 그날그날 겨우 간당간당하게 주시는 것이 아니라, 내일을 위해 쌓아두고 오늘 기도하지 않는 죄를 범하지 않게 하기 위해서임이라 믿습니다.

이 땅에서의 삶은 언제든 예고도 없이 황망하게 끝이 날 수 있습니다. 오늘은, 오늘의 기도로 살아내야 합니다. 기도는 만나와 같아서 며칠 치를 한 번에 몰아서 해놓고 놀 수 있는 것이 아닌 줄 믿습니다. 그러므로 오늘의 은혜가 내겐 족합니다. 내일은 또 어떤 은혜가 부어질지 기대가 됩니다. 내일도 내 안에서 역사하실 주님, 주님을 기대합니다! ✝

90

내 안에 시온의 대로를 내소서

20190417

　오랫동안 방치해두었던 숲에서 작업을 하고 있습니다. 숲 안에는 시냇물도 흐르고, 아름드리나무들도 많아서 깨끗하게 정리해서 기도처와 수련장을 만들면 좋을 것 같아 작업을 시작했습니다. 먼저 너무 우거져 맨몸으로는 헤치고 들어갈 수 없는 숲에 정글 칼로 대충 사람이 다닐 만한 길을 만들고, 전기톱으로 작은 나무들을 제거해가며 차가 들어갈 수 있는 길을 만들고 있습니다.

　사실 몇 해 전에 이 숲을 구매했을 때 안에 들어가 울타리 작업을 하기 위해 사람이 다닐 만한 길을 만들어두었습니다. 하지만 두 해 가까이 들어가지 않고 방치했더니, 그전에 어디가 길이었는지조차 알 수 없을 만큼 관목이 우거져버렸습니다. 다시 그 길을 만들고, 이젠 아예 차가 들어갈 수 있도록 정비하고 있습니다.

　다듬고 정리하지 않으면 숲은 도무지 쓸 수 없는 상태로 돌아갑니다. 물론 숲의 입장에서는 본연의 모습으로 돌아가는 것이지만, 그 숲을 사용해야 할 사람의 입장에서는 사용하기에 적합한 유용한 모습과는 멀어지게 되는 것입니다.

사람도 마치 이 숲과 같아서, 그 본성 안에 선함보다 악함을 내재하고 있고, 내버려두면 자연스럽게 악함에 이끌립니다. 선을 행하기엔 많은 노력과 자기를 쳐서 복종케 해야 함이 필요하지만, 악은 누가 가르쳐주지 않아도 자연스럽게 체득되고 거리낌 없이 과감하게 실행됩니다.

내버려둠, '유기'는 사람에게 내려진 가장 큰 형벌일 것입니다. 하나님이 사람을 사랑하시기에 내버려두지 않으시고, 매 순간 우리를 다듬어 그분이 쓰시기에 유용하고, 보기에 아름다운 존재로 만들어가시는 것이 가장 큰 은혜입니다. 하지만 우리는 우리의 본성적 악함을 포기하기 싫어서 주님의 그 다루심을 거역하고 회피하려 합니다.

하지만 그것이 축복입니다. 우리가 싫다고 해서 그대로 내버려두시는 것은 우리에게 자유를 주심이 아니라 우리를 유기하시는 것입니다. 우리는 삶의 부산물처럼 배설물 같은 죄의 잡목들을 우리의 존재 안에 키워냅니다. 그것들은 매 순간 무섭게 자라나고, 서로 뒤엉켜, 내 안에 주님의 임재를, 주님이 내 안에 들어오심을 막아섭니다.

과감하게 잘라내야 합니다. 모아 불살라야 합니다. 그래서 내 안에 성령님이 들어와 임재하실 수 있는 시온의 대로가 놓여야 합니다. 오늘도 나는 나의 삶을 점검합니다. 인식하지도 못하는 순간에 돋아나는 내 안에 불순종의 새순들을 잘라내고, 내 영혼

의 거친 결들을 깎아내고 다듬어 주님이 미끄러지듯 들어오실 수
있는 영적인 신작로를 내려 합니다.✝

91

무너진 제단을 수축하라

20190421

  새로 세운 시골 마을 교회에 말씀을 전하러 다녀왔습니다. 어제 많은 비바람이 몰아쳤고 오늘도 하늘엔 먹구름이 가득해서 누가 봐도 비가 올 날씨였지만, 주님의 이끄심을 따라 흙길을 달려 도착한 예배당에서 많은 성도들과 함께 눈물과 감동의 예배를 드리게 되었습니다.

  예배드리는 내내, 비가 오기 전에 부는 낮고 강한 바람이 예배당 안까지 불어와 먼지를 날리고 커튼을 들썩였지만, 비는 예배를 모두 마치고 식사할 때까지도 내리지 않았습니다. 하늘은 으르렁대는 짐승처럼 비를 쏟아내기 직전이었지만, 마치 누군가에게 억지로 틀어 막힌 것처럼, 우리가 떠날 때까지 기다렸다가 길을 나서자마자 봇물 터지듯 쏟아져 내렸습니다.

  우리는 이런 일을 많이, 그리고 자주 겪어봤기 때문에 이제는 익숙해져서 별로 놀라지 않았습니다. 전도집회를 할 때도, 그 밖에 수많은 예배 가운데서도 이런 경험이 정말 많았기 때문입니다. 주님이 우리의 예배를 받으시길 기뻐하시기에 그분의 손으로 친히 막으신다는 것을 모두가 알고 있는 것입니다. 기적이 일상이 되면, 그것은 더 이상 기적이라 부르지 말고 상식이라 불러야 합니다.

지난 주간은 고난주간이었습니다. 가톨릭이 대세인 파라과이에선 지난주에, 특별히 금요일에는 고기를 먹지 않는 풍습이 있습니다. 거의 매일 반드시 고기가 들어간 음식을 두 번 이상 먹는 이들에게 그것은 매우 힘든 일일 것입니다. 그런데 재미있게도 그 고기가 고기만 해당되고 생선은 먹어도 된다 해서 일 년 중 생선 소비가 가장 많은 기간이기도 합니다. 더 재미있는 것은 물가에 사는 동물은 생선이라 규정하여 그것들의 고기까지 또 먹는다는 것입니다. 기가 막힌 해석이지만, 결국은 타협입니다. 타협은 결국 이유로부터 시작되었고, 이유는 핑계를 만듭니다.

하지만 그들만 타협하는 것이 아니라 우리도 늘 삶 가운데 타협하고 핑계를 만들어냅니다. 우리 안에, 가르쳐주지 않아도, 늘 샘솟아 오르는 죄의 속성에 대한 핑계와 타협에 대한 천재적인 재능을 우리는 모두 기본적으로 탑재하고 있습니다. 고장 난 배관처럼, 죄는 우리의 아주 작은 틈새에도 자신의 존재를 분명하게 드러냅니다.

죄의 모양까지 버리라는 말씀은 가혹한 규율이 아니라, 우리의 본성을 너무나 잘 아시는 주님의 최선의 가르치심입니다. 끊임없이 타협하고 핑계 대다가 결국 그 무게를 감당할 수 없어 좌절하기도 합니다. 많은 이들이 예배당에 맑은 얼굴로 나와 앉아 있지만, 그 내면의 문드러짐은 상상을 초월하기도 합니다.

무너진 곳에서 일어서야 합니다. 엘리야가 우상을 섬기는 제사장들과 대적했을 때 가장 먼저 한 것이 무너진 단을 수축한 것이었습니다. 무너진 자리에서 일어나 내 안에 주님을 향한 제단을 다시 쌓아 올려야 합니다. 이젠 늦었다고, 너무 늦었다고 속삭이는 사탄의 거짓말을 분연히 떨쳐버리고 새롭게 시작해야 합니다. 더 이상 핑계도, 구구절절한 이유도, 타협도 다 깨어버리고, 오직 주님, 그 주님께 나의 전부를 올려, 온전하신 주님의 완전한 은혜 안에 잠겨야 합니다. 큰 바다 안에 잠긴 구멍 난 양동이는 그 구멍이 아무런 문제가 되지 않기 때문입니다. †

92

당신은 예수 그리스도와 함께 죽을 수 있습니까?

20190501

지난 주일에 세례식이 있었습니다. 일 년에 몇 차례씩 있는 센터교회와 지교회들의 세례식을 더하면 매우 많은 횟수로 세례식이 진행되고 있습니다. 세례는 철저하게 자기 신앙고백 위에서 이뤄지기 때문에 적어도 10대 중반 이후로 대상자가 세워집니다. 유아세례를 금지하는 것은 아니지만, 아직 자기의 분명한 신앙고백을 할 수 없는 아기들에게는 좀 더 시간이 필요하기 때문입니다.

표면적으로는 없어졌다고 하지만, 파라과이는 견고한 신분제 사회입니다. 상류층과 서민들이 철저하게 분리되어 있고, 서로의 영역에 침범하거나 교류하지 못합니다. 물론 겉으로 보기엔 서로 이야기도 할 수 있고, 공적 만남이 이뤄지기도 하지만, 사적인 부분에서는 철저하게 선이 존재합니다.

신분의 격차는 대부분 빈부의 격차와 같은데 그 격차는 상상을 초월합니다. 서로가 서로의 삶을 감히 상상할 수 없는 정도입니다. 그러면서 대부분의 국민인 서민들은 상류층의 일부분의 모습

을 보는 것을 좋아합니다. 그들에게 상류층의 삶은 부러움의 대
상이지만, 자신과는 상관없는, 자신이 오르지 못할 운명적 차이
로 여깁니다. 상류층은 마치 셀럽처럼 자신들의 삶을 일부 보여
줌으로, 결코 침범할 수 없는, 침범해서는 안 되는 극명한 차이를
각인시킵니다.

그중 하나가 가톨릭의 유아세례입니다. 1992년까지 파라과이
의 국교가 가톨릭이었고, 지금도 거의 모든 기득권자는 가톨릭이
기 때문에, 상류층의 종교는 거의 예외 없이 가톨릭입니다. 물론
지금에야 그들 가운데 몇몇 개신교인들이 생겨나고 있지만, 유의
미한 정도는 아닙니다.

상류층 아이들의 유아세례가 텔레비전에 생생히 중계되고, 많
은 사람들이 그것을 지켜봅니다. 정확하게는 그 화려한 예식을
보는 것이고, 더 정확히는 자신들과 자신들의 자녀에게는 해당될
수 없는 화려한 의복과 치장들을 보게 되는데, 성직자의 더 이상
화려할 수 없는 의상과 가족들의 휘황찬란한 드레스들을 통해 보
는 이가 자신의 눈을 만족시키는 것입니다.

그 어디에도 세례의 의미나 그 세례를 통해 임재하실 성령님의
존재 따위는 그들의 관심 밖입니다. 사실 사탄은 그것을 볼 수 없
는 것으로, 보이지 않는 것으로 만들어버립니다. 사탄의 무서움
이 거기에 있는데, 가장 거룩한 예식까지도 세상의 눈요깃거리로
만들어버리고, 사람들의 생각과 마음을 완전히 빼앗아가는 것입

니다. 예배당에 나와 앉은 그 자리까지 사탄은 거침없이 밟고 들어옵니다. 기도하고 찬양하는 심령의 한복판까지 쳐들어오는 데 한 치의 주저함이 없습니다. 철저하게 하나님 아닌 다른 것들을 주목하게 만듭니다.

우리는 우리의 세례식에서 꼭 묻는 마지막 질문이 있습니다. "당신은 예수 그리스도와 함께 죽을 수 있습니까?" 지금, 이 자리에서, 아무런 미련이나 망설임 없이 "아멘"이라고 고백할 수 있는 이만 세례를 받을 수 있습니다.

세례받을 때만입니까? 아닙니다. 매일 매 순간 그 질문이 심장에서 용솟음쳐, 온몸을 휘감으며 내 안에서 울려 퍼져야 합니다. 나는 지금도 여전히 예수 그리스도와 함께 죽을 수 있습니다. 당신도 그럴 수 있습니까? †

93

창조의 본모습
20190729

오늘은 새로운 기계를 한 대 들여왔습니다. 중고이지만, 개인이나 작은 작업장에서 쓰는 것이 아니라, 대형 작업장에서 쓰는 기계이고 온통 쇳덩어리라 사용하는 데는 새것과 별 차이가 없을 것입니다.

얼마나 무거운지 사람의 힘으로 내리고 옮길 수 없어 도르래를 걸어 내려야 했습니다. 기계는 높이가 조절되는 대형 테이블형 대패입니다.

센터 목공소에도 테이블형 대패가 있지만, 날이 외부로 노출되어 있고, 그 위에 나무를 올려 손으로 밀고 작업해야 하는 것이라 가장 위험한 기계이지만, 구매한 기계는 날이 기계 내부에 있고 높이를 조절할 수 있어서 여러 나무를 동일한 두께로 깎아낼 수 있다는 장점이 있는 안전하고 정확한 기계입니다. 비록 중고기계지만 가격이 상당하여 망설여졌습니다. 하지만 무엇보다 필요한 기계인지라 무리를 해서라도 구매하게 된 것입니다.

나무를 넣고 깎아보니 매끄럽게 깎여 나오는 것이 만족할 만한 성능이었습니다. 나무를 기계에 넣기 전과 넣은 후의 상태는 너무나 다릅니다. 넣기 전에는 지저분하고, 결도 보이지 않고, 색도 탁하지만, 깎여 나온 나무는 같은 나무인지 의심스러울 정도로 다른 모습입니다. 단 0.5밀리미터를 깎아내도 그 0.5밀리미터의 안과 밖이 그렇게나 다를 수가 없습니다.

하지만 따지고 보면 그 깎여진 나무가 본래 그 나무의 모습이었습니다. 원래 나무는 그렇게 아름다운 결과 무늬와 색을 가지고 있었지만, 큰 원형 톱으로 매끄럽지 못하게 제재하고, 마르는 동안 먼지도 끼면서 본래의 색과 결이 감추어졌다가, 아주 얇게 그것을 걷어내니 본래의 모습이 드러나게 된 것입니다.

하나님이 우리를 창조하셨을 때 우리의 모습도 그럴 줄 믿습니다. 아름답게 창조하셨으나, 우리가 세상에서 우리 맘대로 살며 창조의 본질을 우리 스스로 더럽혔을 때, 우리 안에 그 모습이 감추어져버렸던 것입니다. 그러나 예수 그리스도의 십자가 보혈의 능력이 우리의 더럽혀진 모습들을 씻기시어 우리를 창조의 모습 그대로 회복되게 하셨음을 믿습니다.

우리 안에 감춰진 주님의 본래 모습을 회복하는 것이 우리가 이 땅에서 주님의 나라를 준비하는 삶의 여정일 줄 믿습니다. 오늘 하루를 마무리하며 그 주님의 모습이 내 안에서 얼마나 회복되었는지 기도로 점검합니다. 그리고 내일 하루 가운데 그 주님의 모습이 얼마나 내 안에서 회복될지를 기대합니다. †

94

두 종류의 계란

20190730

집에 두 종류의 닭을 키웁니다. 한 종류는 일반적인 산란계로 매일 열 개 이상의 계란을 제공해줍니다. 또 한 종류는 토종닭으로 산란계만큼 알을 자주 낳진 않지만, 병아리를 키워 중요한 때에 큰 역할을 합니다. 음식을 준비할 때 나오는 부산물과 잔반, 밀을 도정하고 남은 부산물, 옥수숫가루, 귀리, 소금 등을 섞어서 밥으로 주면 매일 신선한 계란을 받게 됩니다.

두 종류의 닭이 낳은 계란은 매우 다른 생김새를 가집니다. 산란계의 알은 흔히 아는 둥글고 큼지막한 예쁜 모양이지만, 토종닭이 낳은 알은 훨씬 작고 길고 못생겼습니다. 그래서 토종닭의 알은 별로 먹고 싶지 않게 느껴지고 익숙한 산란계알을 매일 먹고 있습니다.

두 계란의 결정적인 차이는 하나는 둥글고, 하나는 길쭉하다는 것입니다. 왜 그럴까 생각해보다 문득 길쭉한 계란은 쉽게 굴러가지 않는 것을 보게 되었습니다. 둥글게 생겨서 잘 굴러다니는 산란계알보다 길쭉한 토종닭의 알은 웬만해선 자기 자리에서 움직이지 않습니다.

사실 이것은 엄청난 장점입니다. 왜냐하면 쉽게 굴러다니는 알은 다른 닭이 건드리면 자리를 이탈하기 쉽기 때문에 어미가 그 알을 품기가 어렵습니다. 반면에 길쭉한 계란은 누가 건드려도 쉽게 굴러다니지 않기에, 어미 닭이 품는 모습 그대로 그 자리에서 부화가 되어 병아리로 태어나게 됩니다. 비록 큼지막하고 예쁘게 생긴 다른 계란에 비할 바가 못 되게 작고 볼품없이 생겼지만, 오히려 그로 인해 자신의 역할을 더 잘 감당할 수 있는 것입니다.

이는 다만 계란에 한정되어서 적용되는 이야기가 아니라 우리의 삶에도 동일하게 적용될 줄 믿습니다. 세상에는 잘 생기고, 똑똑하고, 유능한 이들이 얼마나 많은지 모릅니다. 그에 비하면 우리는 종종 우리 자신이 그들과 비교할 바가 되지 못하는 존재라고 여길 때가 있습니다. 작고, 보잘것없고, 심지어 모난 모습에 우리 자신에 대한 실망감이 우리를 괴롭힐 때도 있습니다.

하지만 그 모남으로 인해 우리는 우리의 자리를 지키고, 우리의 자리에서 주님의 위대한 일들을 이루어 드리고 있습니다. 세상 사람들처럼 잘 나고 유능했다면, 우리는 우리의 자리를 박차고 일어나, 계란처럼 세상으로 굴러갔을 것입니다. 하지만 우리는 우리의 못남으로 인해 우리의 자리에서 우리를 온전한 사랑으로 품으시는 주님의 은혜로 새 생명을 얻게 되었습니다.

우리는 우리의 기도 대부분을 우리의 채워지지 않은 부족한 부분에 대한 청원의 시간으로 채우곤 합니다. 하지만 이미 우리에게 임한 주님의 은혜는 우리에게 생명을 얻게 하는 넉넉함이 되었습니다. 오늘 하루 가운데 내게 넉넉하셨던 주님의 은혜를 기억합니다. 그리고 내일 하루 가운데 이미 넉넉하실 주님의 은혜를 기대합니다. ✝

95
크게 뗀 한 걸음만큼 더
20190929

선교사로 사역하는 16년 중 가장 건조한 때를 지나고 있습니다. 거의 두 달 넘게 제대로 된 비가 내리지 않아 온 대지가 메말라 있습니다. 파종 시기인데도 비가 오지 않아 단단한 대지에 그냥 씨를 뿌릴 수 없어 마냥 기다리고만 있습니다. 얼마 전 새로 모터를 설치한 우물도 채 5분을 가동할 수 없는 상황입니다. 물이 없으면 모터가 타버리기 때문에 이상한 소리가 나기 전에 모터를 꺼야 하고, 물이 차도 수심이 겨우 2,30센티밖에 되지 않아 모터가 제 할 일을 할 수 없는 상황이었습니다.

결국 사람들과 함께 우물을 더 파기로 결정하고 1미터를 더 팠습니다. 우물을 파내고 물이 맑아지기를 기다렸다가 모터를 다시 설치하고 물을 끌어 올렸습니다. 모터에서 다른 소리가 나지 않고 오랜 시간이 지나 물을 잘 끌어 올리는 것을 보며 우물 안에 물이 많음을 알 수 있게 되었습니다. 이제는 당분간 물 걱정을 하지 않아도 되게 된 것입니다.

사실 물은 땅 밑에 늘 있었는데, 다만 우물의 깊이가 충분히 깊지 않아 그 많은 물 중 일부만을 사용해온 것입니다. 마치 팍팍한 우리 삶에 채워져야 할 주님의 은혜가 충만히 우리 가운데 주어졌음에도 우리가 그 은혜로 나아가지 못한 것과 같은 것입니다.

1미터는 크게 뗀 한 걸음만큼의 길이입니다. 한 걸음만 더 주님께 나아가면 우리에게 충만한 은혜가 흘러드는데, 우리는 그 한 걸음을 떼지 못하고 삶의 자리에 주저앉아 마른 가슴을 치기만 할 때가 너무 많습니다. 한 걸음만 더 나아가면 됩니다. 메마른 현실을 원망하고 주저앉은 그 자리를 떨치고 일어나 한 걸음을 더 주님을 향해 떼어야 합니다.

주님은 이미 수천, 수만 걸음을 달려오셨습니다. 거기서 한 걸음 더 우리에게 다가서시는 것은 일도 아니겠지만, 주님은 우리가 단 한 걸음만 더 당신에게 나아오길 원하십니다. 주님을 향한 우리의 그 사랑의 전진을 통해 주님은 우리를 위해 준비하신 은혜의 생명수를 부어주실 것입니다. 한 걸음, 단 한 걸음입니다. †

96

꼬인 못
20191021

특별한 자연재해가 없는 편인 파라과이에서 그나마 가끔 일어나는 것은 돌풍 정도입니다. 하지만 가끔 그 돌풍이 상당히 강하게 불어서 많은 집의 지붕을 날리고 심지어 벽도 넘어트리기도 합니다. 근래 몇몇 지교회의 지붕이 그 돌풍에 날아가 망가져버렸습니다.

지붕이 망가진 교회들을 보니 대략 7,8년 전에 지어진 교회들이었고, 공통적인 특징이 한 가지 있었는데, 그것은 지붕(판)을 고정하는 나무(서까래)에 박은 못들이 모두 밋밋한 못이라는 것이었습니다. 지붕을 고정하기 위해 박는 못은 못 머리 부분에 동전보다 작은 둥글고 납작한 고무가 있고, 그 위를 덮는 동일한 크기의 둥근 철판이 있습니다.

지붕 판을 서까래에 고정하기 위해 못을 박는데, 그 고무가 뚫린 구멍으로 물이 스며드는 것을 막고, 그 위의 철판이 그 고무를 누르는 형태입니다. 하지만 시간이 지나면 지붕이 오랜 시간 동안 바람에 들썩여 작은 유격이 생겼다가, 돌풍이 심하게 불 때 뜯겨져 나가는 경우가 생기곤 합니다.

그것을 방지하기 위해 그 못을 항상 특수한 못으로 사용해왔습니다. 일반적인 못은 못 몸통이 매끈하지만, 늘 사용하던 특수한 못은 못 몸통이 마치 나사처럼 꼬여 있습니다. 특수한 못이 단가도 비싸려니와 못을 박을 때 일반 못보다 박는 데 더 힘이 들기 때문에 잘 사용하지 않으려 하지만, 몇 번 돌풍에 지붕을 날리고 난 뒤에 그 특수한 못은 절대 빠지지 않는다는 것을 알고 난 후부터 줄곧 특수한 못을 사용했습니다.

이번에 지붕이 날아간 교회들이 모두 일반 못을 사용했던 것이고, 그 교회들을 지을 당시에 그 못이 브라질에서 일시적으로 들어오지 않을 때여서 부득이하게 일반 못을 사용했는데 그것이 이번에 문제를 일으켰던 것입니다.

꼬였다는 것은 그다지 유쾌한 표현은 아닙니다. 더욱이 그 단어를 '인생'이라는 말에 대입시키면 더욱 그러합니다. 꼬였다는 것은 결코 원하지 않는 상태이지만, 그럼에도 불구하고 그로 인해 얻는 유익도 결코 작지 않은 것은 그 상태가 우리를 고난의 폭풍우에 휩쓸려가지 않고 굳건히 자리를 지킬 수 있게 하기 때문입니다.

때때로 우리는 우리의 삶 전체가 순탄하고 순적하기만을 바라고, 고난이 닥쳐올 것 같으면 어쩔 줄 몰라 하고, 심지어 분개하기도 합니다. 하지만 순탄하기만 한 매끈한 인생은 고난의 파도를 견디지 못하고, 세상 가운데 쓸려가버릴 것입니다.

때때로 우리의 삶에 고난이 닥쳐와 우리의 인생을 송두리째 뒤틀어 꼬아놔도, 그 꼬임이 굳건한 고정이 되어 다시 닥칠 인생의 폭풍 가운데 우리를 꽉 잡아줄 것입니다. 우리의 서까래 되신 주님에 우리는 굳건히 고정되어 있어야 합니다.

우리의 존재가 비록 고난과 환난으로 상처받고 뒤틀려 꼬여 있어도, 오히려 그로 인하여 주님께 더욱 굳건히 고정될 줄 믿습니다. 그로 인하여 우리가 비록 인생의 폭풍우 같은 괴로운 시간을 통과한다 할지라도, 결코 흔들리지 않는 대들보 같은 주님을 붙잡고 묵묵히 견디며, 나아가 어두운 밤 폭풍우가 지나고 새 아침의 고요하고 복된 새 빛을 누리게 될 것입니다.

그렇습니다. 오늘도 폭풍우를 지나고 있지만, 오늘도 고난의 때를 견디고 있지만, 오늘도 상처 입고 뒤틀림을 당하고 있지만, 그럼에도 주님과 동행하기에 더욱 주님께 고정되어 이 어둠을 뚫고 새 아침을 맞이하겠습니다. †

97

주님이 내게 오실 내 마음의 길

20191024

처리할 서류가 있어 파라과이 수도인 아순시온에 다녀왔습니다. 거리는 300킬로미터가 좀 넘지만 가는 데만 운전해서 5시간 반에서 6시간이 걸립니다. 고속도로라고 해도 한국의 지방도 수준의 도로 상태와 일차선으로 된 길에 앞에 느린 트럭이라도 있으면 그 뒤에 줄줄이 차들을 달고 가기에 거리 대비 시간이 오래 걸리는 운전이 녹록치 않은 여정입니다.

그럼에도 감사한 것은 일부 구간을 2차선으로 만들고 있어서 그 구간에서는 예전과는 비교할 수 없이 쾌적하고 빠르게 지날 수 있었는데, 지금도 계속해서 공사하는 모습을 보며 수년 내에 완공이 되면 지금보다 매우 신속하게 오고 갈 수 있을 것 같아 기대가 됩니다.

운전하며 내내 옆에서 공사하는 모습을 보았습니다. 파라과이는 땅에 돌이 없기 때문에 이미 수백 수천 년 다져진 땅에 아스팔트만 입히면 바로 도로가 될 것 같은데, 공사하는 모습을 보니 전혀 다른 모습입니다. 이미 잘 다져졌을 땅을 파서 갈아엎는 데 공사의 가장 많은 시간을 들이고 있습니다. 언뜻 이해되지 않는 것은 이미 오랜 시간 잘 다져진 땅을 왜 그리 수고롭게 갈아엎을까 하는 것이었는데, 정확한 정답은 알지 못하지만 갈아엎는 땅을 보면 대략 그 이유를 알 수 있을 것 같았습니다.

갈아엎기 전에 보였던 땅은 풀이 잘 덮인 매끈한 땅이었지만, 막상 갈아엎으니 그 안에 수많은 것들이 묻혀 있는데, 그 대표적인 것들이 도로를 내기 위해 그곳에서 자라던 나무를 베어냈는데, 바로 그 뿌리와 그루터기들이었습니다. 얼핏 생각하기에 그것도 매우 단단하니까 그 위에 그냥 아스팔트를 덮으면 되지 않나 싶지만, 그대로 놔두면 시간이 지나서 그것들이 썩게 되고, 그 썩은 자리가 빈 곳이 되어, 만약 그대로 그 위에 아스팔트를 입혔다면 나중에 무너져 내리게 될 것입니다.

정확한 다른 이유가 있는지는 모르겠지만, 일단 눈에 보이는 이유는 그래 보였습니다. 그래서 밭을 가는 중장비 같은 것들이 쉴 새 없이 다니며 땅을 갈고 그 안에서 나온 것들을 한데 모아 트럭에 실어 나르는 모습이 보였습니다. 그리고 그렇게 갈아진 땅을 또 다른 중장비가 와서 다지는 모습을 보여주었습니다. 그렇게 그 땅 안에 숨겨졌던 모든 이물질을 제거하고, 다지고 다진 후에, 아스팔트를 입혔을 때, 비로소 제 기능을 발휘할 고속도로가 되는 것입니다.

우리는 늘 주님이 우리 안에서 역사하시고 주관하시길 기도합니다. 그 말은 다른 말로 주님이 우리 안에 임재하시고 운행하시는 것일 것입니다. 주님이 우리의 삶에 주인 되시는데, 정작 우리 안에 주님이 다니실 길이 놓여 있지 못할 때가 너무 많습니다. "주님 오시옵소서"라고 기도하지만, 정작 오신 주님은 우거진 덩굴 같은 우리 안에서 난감해하실 때가 많기에, 그 주님이 우리 안에 마음껏 다니시며 역사하시기 위해 우리는 우리의 심령 안에 시온의 대로를 놓아야 합니다.

내 아집의 거목을 잘라내고, 내 거짓의 그루터기를 파내며, 보이기 창피한 감추어진 죄의 뿌리를 모두 끄집어내 성령의 불로 태워버린 후, 은혜의 가래로 고르게 하고, 능력의 굳센 발자국으로 다지고, 그 위에 권능의 아스팔트를 입혀야 할 것입니다.

오늘도 나는 내 안의 우거진 덩굴들을 막막해하지만, 주님의 이름으로 팔을 걷어붙이고 그것들을 제하여냅니다. 내 안에 오실, 내 안에 거하실, 내 안에서 역사하실 그 주님의 오시는 발걸음이 사뿐히 내 안에 내리시도록 말입니다. †

98

주님의 인도하심만을 따라

20191225

　건축이 마무리되고 더위가 기승을 부리는 연말이 되면 좀 쉴 수 있을 거라는 생각이 욕심이었는지, 오히려 더 분주한 시간을 보내고 있습니다. 두어 주 만에 이동한 거리가 자동차를 한 번 더 정비할 정도가 되는 것을 보니, 여유로워질 것이라는 예상은 보기 좋게 빗나간 것입니다. 그럼에도 불구하고 이동과 수고로운 노동 가운데 주님을 향한 간절함의 끈이 더욱 견고해짐이 얼마나 감사한지 모릅니다.

　단조롭기 이를 데 없는 파라과이의 지방도로와 달리 가끔 가는 수도의 길은 복잡하기만 합니다. 대부분의 교회들을 찾아가는 것은, 몇몇 지형지물을 암기해서 가기 때문에 별 어려움이 없는데, 복잡한 수도의 길은 외울 수 있는 용량의 한계를 벗어나는 것입니다.

　그럴 땐 부득불 인터넷 GPS를 이용하게 됩니다. 한정된 도로에 기하급수적으로 늘어나는 파라과이의 차량이 도로를 가득 메워, 수도까지 오고 가는 시간을 예전보다 편도로 1시간씩 늘려놓았기에, 정직하게 큰길로만 가면 언제 도착할지 기약할 수 없는 상황이어서, GPS의 도움 없이는 시간을 단축하는 것이 무리일 정도입니다. 이번에도 돌아오는 길에 구글 지도의 도움을 받았는데, 정말 길일까 싶을 정도의 골목골목으로 데리고 다녀서, 적잖은 의심이 들기에 충분했습니다.

'정말 맞게 가고 있는 것인가? 이러다가 원점으로 돌아오는 것은 아닌가?' 의심에 의심을 더해갔지만 다른 방법이 없기에 별수 없이 끌려갈 수밖에 없었습니다. 그렇게 한참을 이리저리 돌고 돌다가 마침내 아는 길로 들어서게 되었는데, 대략 계산해보니 만약 원래 알고 있던 큰길로 왔을 경우보다 매우 많은 시간이 절약된 것을 보게 되었습니다. 그 엄청난 의심과 의혹을 보내며 따라왔던 것을 알았다면 열심히 인도해준 핸드폰이 적잖이 서운해했을 것입니다.

지시하는 대로 따라가면서도 이게 맞는 길인지 아닌지 엄청난 의심을 하며 따라가다가 결국 자신의 목적지에 안전하고 분명하게 도착했을 때, 비로소 안심하고 감사하는 모습이 어쩌면 우리 인생 가운데 주님을 따라가며 보이는 우리의 모습과 닮아 있는지도 모릅니다.

주님은 가장 선한 길, 좋은 길로 우리를 인도하심에도, 우리는 그 길을 알지 못하기에 늘 의심하고 불평하고 뒤돌아봅니다. 지금 가고 있는 이 길이 맞는 길인지 늘 의심하고 억지로 끌려가는 듯한 모양새로 주님 앞에 서는 모습을 얼마나 안타까워하셨으면, "나는 길이요 진리요 생명"이라고 대놓고 말씀하시며 안심시키셨을지 생각해봅니다.

우리는 우리가 가고 있는 이 길의 끝에 무엇이 있는지 모릅니다. 하지만 분명한 것은 그 길을 주님의 손을 잡고 가고 있다면, 우리가 상상할 수 있는 그 어떤 것보다 선한 것이 우리를 기다리고 있을 것입니다. 어린아이가 낯설고 복잡한 길에 들어서면 자연스럽게 그 부모의 손을 움켜쥡니다. 그 길이 아무리 복잡하고 낯설어도 자신의 부모와 함께라면 안심할 수 있기 때문일 것입니다.

우리에게 필요한 것은 '의심'이 아니라 우리가 잡은 손이 누구의 손인지 분명하게 '선택'해야 하는 것입니다. 그렇습니다. 주님과 함께라면 우리는 의'심'이 아니라 안'심'할 수 있습니다. 주님의 손을 잡고 간다면 '그 두려움이 변하여, 내 기도 되었고, 전날의 한숨 변하여 내 노래'가 될 것입니다. ✝

99

매일 나로 새롭게
20200107

요즘 계속해서 목공소에서 대형 대패로 나무를 깎아내고 있습니다. 오래전부터 말려놓은 매우 단단한 나무판들을 이제 사용할 때가 되어서 나무 창고에서 목공소로 옮긴 후 대형 대패로 앞뒤 판을 깎아내는데, 기계 굉음과 엄청나게 날리는 톱밥과 나무 먼지로 정신이 없을 지경입니다. 나무 먼지는 그 위용이 대단해서 눈앞이 뿌옇게 보일 정도로 공간을 가득 채우고 모든 구석구석에 파고들어 자리를 잡습니다.

온종일 일하고 저녁에 들어오면 목 안이 깔깔한 것을 넘어 침을 삼키기 어려울 정도로 괴롭히는데, 밤에 잠을 자다가도 인후통에 잠을 깰 정도입니다. 온몸에 뿌옇게 내려앉은 먼지는 검은 머리가 허옇게 보이게 만들 정도이니, 일을 마치고 샤워기 밑에 서면 흐르는 물줄기를 따라 내려오는 모습이 마치 홍수에 떠내려오는 흙탕물 같아 보입니다. 머리를 적시고 내려오는 첫 물의 짭조름함이 오늘도 적잖은 땀을 흘렸고, 꽤 고된 하루를 보냈음을 말해주는 듯합니다.

기계 굉음과 날리는 먼지와 사방에서 튀는 나무 조각들이 정신을 쏙 빼놓을 만큼 요란스럽지만, 그 순간에도 놀랍도록 평온한 내면은 오직 주님을 묵상하며 맛보는 기쁨으로 인함입니다. 요란한 외부와는 상관없이, 평온한 마음 깊은 곳으로 주님의 이름을 부르고, 주님의 이름을 찬송하며, 그 이름으로 인해 기쁨을 누림은 내 안에 주님의 임재로 충만하기 때문이며, 그분과 동행하기 때문일 것입니다. 깊은 산 속 수도원의 영성이 매우 귀한 것처럼, 노동의 현장에서 마치 세상의 소리가 한순간에 소멸되고, 오직 나와 주님과의 사랑의 세밀한 대화만이 마음에 쿵쿵 울려 퍼짐을 경험하는 영성도 소중할 것입니다.

나무를 말리며 시간의 흔적으로 인해 표면에는 먼지와 때가 끼어 지저분하고 칙칙한 색으로 덮여 있지만, 대패에 넣고 단 몇 밀리만 깎아내면 그 안에 수십 년 세월의 물결이 너무나도 아름답게 드러나는 것을 보게 됩니다.

내 안에 이미 존재하는 그 창조의 물결, 놀랍도록 아름다운 주님의 손결이, 세상 풍파와 나의 죄로 인해 더러움으로 덮여 버렸지만, 이제 십자가 보혈의 능력으로 깨끗이 씻기고 깎여 그 창조의 본 모습이 드러나길 매 순간 소망합니다.

나는 매일 죽지만, 나는 매일 주님의 능력으로 새롭게 세워집니다. 나는 매일 넘어지지만, 나는 매일 그분의 손을 잡고 일어섭니다. ✝

100

주님이 계시기에

20200125

아열대에서 열대 기후대에 걸쳐 자리 잡은 파라과이는 기온이 영하로 떨어지지 않는 더운 나라인지라 대부분 나무들의 성장 속도가 매우 빠른 편입니다. 심지어 어떤 나무는 일 년 내내 거의 같은 속도로 자라다보니 나무 테가 보이지 않는 나무들도 있습니다. 나무 테라는 것이 나무의 여름 생장 속도와 겨울 생장 속도의 차이로 인해 나무의 치밀도의 차이로 나타나는 것이라면, 만일 나무가 일 년 내내 동일하게 자라난다면 그 흔적이 나타나지 않는 것은 어쩌면 당연한 일일 것입니다.

반면에 이 좋은 조건 속에서도 너무나 더디게 자라나는 나무들도 있는데, 일 년에 겨우 몇 밀리미터 정도만 자신의 나이테를 확장시킬 뿐인 그런 나무들입니다. 그리고 그 나무들이 건축에 쓰임을 받습니다. 산에 나무가 백 그루라면 그중에 건축에 쓸 수 있는 나무는 겨우 한두 그루에 지나지 않습니다. 나머지는 보기에 그럴싸해도 목재로서의 가치는 없이, 오직 화목으로 쓰여질 뿐입니다. 그렇지만 사용되는 나무들은 대부분 매우 치밀한 나이테를 가지고 있는 나무들로, 적어도 수십 년의 세월의 흔적을 가지고 있는 것들입니다.

또한 한국의 참나무의 서너 배에 달하는 경도를 지닌 이 나무들의 나이테는 매우 아름다운 결을 지니고 있습니다. 나무를 잘라 제재소에서 켜고, 건조장에서 말리고, 목공소에서 필요한 규격에 맞춰 자르고 깎아내고 기름을 칠하면, 전에는 볼 수 없는 수려한 무늬를 볼 수 있게 됩니다. 특별히 심심하게 뻗은 곧은결이 아닌 물결치듯 휘돌아가는 무늬는 사람의 어떤 인위적인 곡선보다 더한 아름다움을 보여줍니다.

그런데 그 아름다운 물결들이 위치한 곳을 가만히 들여다보면, 하나같이 나무의 옹이 근처나 꺾였던 가지나 그 근처, 여러 이유로 물리적인 상처나 훼손을 받았다가 회복되던 부분이나 근처인 것을 볼 수 있습니다. 아무 문제 없이 곧게 자라난 부분에선 절대 볼 수 없는 무늬가 그곳들에서 보이는 것입니다.

그 휘몰아치는 물결의 나뭇결이 있는 그 부분이 곧게 뻗은 부분보다 보기에 좋을 뿐만 아니라 더 단단한 것을 보게 되는데, 그런 부분을 재단할 때 기계가 더 버거워하는 것을 보고 알 수 있습니다. 결국 비바람에 휘고, 꺾이고, 상처 입었으나, 그것을 이기고 다시 자라난 그 부분이 더 아름답고 강하게 회복되고 자라난 것입니다. 이는 마치 부러진 뼈가 붙은 부분이, 다시는 부러지지 않을 만큼 더 강하게 자리 잡는 것과 마찬가지입니다.

삶은 우리 가운데 적잖은 파도로 휘몰아칩니다. 우리는 그 파도에 꺾이기도 하고, 함몰되기도 하며, 마음의 상처와 육체적 어려움을 겪기도 합니다. 그럼에도 우리는 그 파도에 침잠되지 않고 결국 헤치고 나와, 또 다른 희망의 아침을 맞이합니다. 그러면 우리는 우리가 알지 못하는 그 순간에 우리의 마음과 몸이 더 단단해지고 옹골차졌던 것을 많은 시간이 지난 후에 알게 됩니다.

하지만 깊게 따지고 보면, 우리는 그것을 위해 한 것이 아무것도 없음을 알게 됩니다. 우리는 오직, 우리는 겨우, 상황에 절망하고 이유를 찾기 위해 원망했을 뿐입니다. 우리는 아무것도 한 것이 없는 그때, 주님은 우리를 위해 일하셨습니다. 우리는 주저앉았으나 주님은 일으키셨고, 우리는 원망했으나 주님은 회복시키셨고, 우리는 절망했으나 주님은 이루셨습니다. 주님이 우리를 더 단단하게, 더 아름답게, 더 새롭게 하신 것입니다.

우리는 오늘도 하루만큼의 파도를 넘습니다. 앞으로 가야 할 망망대해는 끝이 없어 보이고, 이 고난의 파도는 날마다 더 매섭게만 보입니다. 하지만 우리는 이 하루를 또 살아낼 것이고, 그뿐만 아니라 이 하루 가운데 승리할 것입니다. 삶은 더 어둡고 처연해도, 우리는 더 아름답고 옹골차질 것입니다.

이유는 단 하나, 그 가능성은 단 하나, 우리 주님이 우리와 함께 계시기 때문입니다. 주님이 계시기에 우리는 노래할 수 있고, 주님이 우리와 함께하심을 믿기에 어둠의 파고에도 몸을 눕히고 곤한 눈을 감을 수 있는 것입니다. 인생 가운데 가장 좋은 것은 우리 주님이 함께 계시는 것이라는 말씀을 기억합니다. 우리 가운데 계신 그 주님, 오늘도 오직 감사, 오직 그 마음뿐입니다. 감사합니다. 주님! ✝

IOI

주님의 유일한 관심

20200302

지난주부터 무슨 이유인지 정말 분주한 시간을 보내고 있습니다. 아침 7시부터 오후 5시까지 점심 먹는 15분을 제외하곤 앉아있을 시간조차 없이 정신없이 일들을 해나가고 있습니다. 어떤 날은 온종일 운전을 하고, 어느 날은 종일 목공소에서 나무와 씨름을 하기도 하고, 어떤 날은 지역 교회들을 예닐곱 군데씩 다니며 인사와 기도를 나누기도 합니다.

오늘 문득 이 정신없이 분주한 노동의 현장에서 내가 어떤 모습인가를 점검해보았습니다. 더위와 육신의 피로와 산적한 현안들로 쉽지 않은 마음 상태일 수 있음에도, 놀랍게도 온종일 찬송하며 일하는 모습을 발견하게 되었습니다. 그러면서 가끔 비가와서 일하지 못하고 쉬고 있을 때의 나를 생각해보니, 오히려 그때는 오늘의 나보다 주님과의 친밀함이 덜했다고 느껴졌습니다.

흔히 생각하길 힘들고 분주하면 주님과의 동행과는 상관없는 시간이 계속되고, 여유롭게 잠잠히 있으면 주님을 더욱 바라볼 것으로 생각하는데, 적어도 나에게는 오히려 반대의 모습이 보입니다. 가만히 생각해보면 각 사람의 기질이 모두 다르듯이 주님을 바라보는 것에 대한 각자의 모습도 다르다고 생각됩니다.

깊은 수도원의 영성을 지닌 사람이 있는가 하면, 북적거리는 시장 모퉁이에서도 주님과 완전한 동행을 이루며 사는 사람도 있고, 도서관에 앉아 깊은 연구 가운데 주님을 더욱 분명히 느끼는 사람이 있는가 하면, 노동의 현장에서 흐르는 땀 가운데 주님의 체취를 느끼는 사람도 있을 것입니다.

무엇보다 중요한 것은, 주님은 그 모든 사람의 각 성향을 아시기에 그에 가장 적합한 길로 인도하시어 당신과 깊은 사귐을 이루어 내시고, 또 그렇게 이끌어 가신다는 것입니다. 주님은 오직 우리와 당신과의 친밀함에 온 마음을 쓰시기 때문일 것입니다. 오늘 하루 가운데 찬송을 받으셨던 주님은, 그 짠내 나는 흥얼거림에도 당신은 당신의 기쁨을 보이셨습니다. 감사하신 주님, 찬양을 받으셔서 감사합니다. 사랑합니다. 주님! †

102

매일 나로 새롭게 하소서

20200403

선교 사역 초기에 센터교회 주변에 심은 작은 망고나무 묘목이 매우 크게 자라 교회 지붕 높이보다 상당히 높게 있는데, 일부 가지가 내려와 지붕을 덮어서 매년 그 가지를 잘라주곤 합니다. 망고가 제법 크게 자라고, 열매가 많이 달려 그 무게로 인해 가지가 처지게 되는데, 그로 인해 지붕과 닿은 부분에 떨어진 나뭇잎과 열매들이 쌓이면서 지붕을 상하게 하므로, 지붕이 망가지지 않으려면 매년 그 작업을 해주어야 합니다.

올해는 좀 늦게 작업을 했더니 아니나 다를까 지붕의 철판 부분에 녹이 낀 것을 보게 되었습니다. 떨어진 망고들이 들러붙어 많은 부분들이 녹으로 덮여 있는 것을 보게 된 것입니다. 망고가 다 떨어질 즈음에 즉시 올라가 작업했다면 지붕이 상하는 것을 방지할 수 있었을 텐데, 게으름이 불러온 화가 적지 않음을 생각하게 됩니다.

처음엔 잘 익은 과일이 자연스럽게 떨어졌을 텐데, 다른 과일과 다르게 바닥으로 떨어지지 못하고, 그 지붕 위에 고스란히 남아 있는 그 마른 과일들은, 어찌 보면 땅에 떨어진 것보다 지붕 위에 떨어지는 그 순간에는 충격으로 인한 상처도 없는 최상의 상태였을 것이지만, 시간이 지나면서 과일은 상하고 썩어서 그 좋은 것이 오히려 지붕을 상하게 하는 존재가 되어버린 것입니다.

가지를 자르고 말라붙은 과일들을 떼어 내며 내 마음의 상태를 점검하게 되었습니다. 저 씨앗만 남은 망고도 어느 순간에는 세상에서 제일 먹음직한 상태였던 적이 있었을 것인데, 시간이 지나고 나니 오히려 가장 쓸모없는 존재, 심지어 미움을 받는 존재로 남게 된 것을 보며, 내 안에 어떤 부분이 최상의 상태인지, 어느 부분이 상해서 다른 이에게까지 상처를 주는 부분인지를 생각해보았습니다.

또한 내 안에 해결해야 할 더러움의 존재를 그대로 뭉개고 앉아 있을 수 없음을 다시 한번 생각해보았습니다. 눈에 보이지 않는 지붕 위의 상태 같은 내 마음의 그 더러운 부분은, 눈에 보이지 않으니 존재를 무시해도 될 만한 것이 아니라, 지금 당장 해결해야 할 영적 쓰레기임이 분명합니다. 치우지 않아 그것이 내 마음을 상하게 하고, 심지어 구멍을 내고 망가뜨려, 교체해야 할 지붕과 같은 심각한 상태로까지 우리를 몰고 갈 수 있기 때문입니다.

매일 점검합니다. 매일 씻어냅니다. 매일 회복합니다. 주님, 당신의 보혈로 매일 나의 모든 것을 씻겨주옵소서!✝

103

복음을 희석할 용매제는 존재하지 않습니다

20200317

코로나 바이러스로 파라과이에 어제부터 저녁 8시 이후로 밖에서 다니는 것이 통제되는 야간통행 통제가 시작되었습니다. 처음 겪는 일인지라 많은 사람들이 설마 하고 나왔다가 경찰에 걸려 벌금을 물게 생겼습니다. 처음 겪는 일이라며, 설마 실제로 그렇게 할지 몰랐다며 억울함을 호소해보겠지만 이미 분명하게 선포된 법을 어겼으니 변명의 여지가 없어 보입니다.

사람들은 언제나 그렇듯 설마 하는 마음으로 아슬아슬한 경계선을 넘나드는 것을 스릴처럼 즐기곤 합니다. 그러면서 걸리지 않으면 자신의 운이 좋다고 여기고, 다음에는 더 대담한 일들을 벌입니다. 그러다 걸리면 자신은 억울하다며, 설마 그렇게까지 나올 줄 몰랐다며 자신을 변명하려 합니다.

이 흔하디흔한 변명은 신앙에서도 동일하게 나타나곤 합니다. 성경에 분명히 나와 있는 말씀을, 시대가 변했으니 설마 지금도 그렇겠냐며 하나님과 아슬아슬한 줄타기를 하는 모습을 통해서 말입니다. 시대와 상황의 핑계는 그 대담성을 날로 더해 스스로 합리화를 넘어 권리로 주장되기도 합니다.

사탄은 문장을 바꾸지 않습니다. 단어의 끝을 흐리거나 한두 글자의 명확성을 불확실성으로 바꿉니다. 에덴동산의 선악과를 먹으면 정녕 죽으리라 하신 말씀을 '죽을까 하노라'로 바꾸면, 대수롭지 않게 여기도록 만들 수 있고, 그 대수롭지 않음은 자신만의 기준의 합리화로 나아가게 만드는 발판을 공고히 합니다.

진리는 타협의 대상이 아닙니다. 복음을 녹여 희석할 수 있는 용매제는 존재하지 않습니다. 오직 예수, 오직 복음만이 우리의 힘이요 희망입니다! †

104

한 영혼이라도 더

20200318

　코로나 바이러스로 먼 곳에 나가 일하는 건 어려워졌지만(저녁 8시 이후로 야간통행 제한이라 그 이전에 돌아와야 하기 때문에), 가까운 곳에서 해야 할 일들은 여전히 산재해 있어 오히려 이전보다 더 바쁜 시간을 보내고 있습니다. 아직 더위가 한창인지라 노동 가운데 발생한 먼지에 엉킨 땀은 불가피합니다. 특별히 오늘은 오랫동안 내리지 않던 많은 양의 비가 쏟아졌는데, 비가 오기 전 나타나는 후덥지근한 날씨로 인해 평소보다 더 많은 땀을 흘리게 되었습니다. 떨어지다 못해 주체할 수 없이 흐르는 땀은 특히 눈에 들어갈 때 제일 곤혹스럽게 만들기도 합니다.

　파라과이는 비가 오기 전 분명한 증조가 보입니다. 그것은 하늘의 구름이 아니라(구름 한 점 없던 하늘이 순식간에 구름으로 가득해지기도 하기 때문에 구름 없는 하늘을 보고 비가 오지 않으리라는 생각은 종종 틀리곤 합니다). 갑자기 오르는 습도와 불어오는 급한 바람과 아픈 손목입니다. 이 세 가지가 동시에 일어난다면 거의 100퍼센트 가깝게 비가 옵니다. 청명하기만 했던 하늘이 언제 그랬냐는 듯이 폭우를 쏟아내는 것은 오늘 나타난 세 가지 징조가 역시 틀리지 않았음을 보여준 것입니다.

많은 사람들은 징조를 보고 느끼며 앞으로 일어날 일들을 예측합니다. 어떤 사람들은 비상하게 예민한 자신의 감각을 통해 앞으로 일어날 일들을 예상하고 그것이 사실로 일어났을 때 우쭐하기도 합니다. 그렇지만 수많은 사람들은, 심지어 그리스도인들은 지금 이 순간에도 끊임없이 외치시는 주님의 말씀의 징조들을 듣고 있고 보고 있음에도 절대 무관심으로 일관하기도 합니다. 정말 몰라서 그러는 건지, 알고도 모른 척하는 건지는 자기 자신들이 가장 잘 알 것입니다.

세대 가운데 전해주시는 주님의 음성은 분명합니다. 그럼에도 귀를 닫고, 눈을 감은 채, 애써 아무 일도 아닌 것처럼 살아갑니다. 우리를 이 세대 가운데 보내신 이유를 분명히 헤아려보아야 합니다. 주님이 우리를 통해 이루시고자 하시는 목적이 우리 한 사람 한 사람 가운데 분명히 있을 텐데, 모른 척하고 살며, 엉뚱한 곳에 정열을 쏟아붓기엔 시간이 너무 아깝고 급합니다.

주님, 세대 가운데 말씀하시는 당신의 음성을 듣습니다. 한 영혼이라도 더 구원하시고자 하시는 당신의 갈망 가운데 나를 사용하시옵소서! †

105

성령의 불길, 성령의 바람길

20200415

한 달 넘게 통행 제한으로 집에 머무는 시간이 길어지다보니 집에서 세 끼 식사를 해야 하는 상황인데, 있는 식자재들을 거의 다 사용하여, 냉장고 깊숙이 머물렀던 온갖 냉동된 것들을 다 끄집어내게 되고, 그것들을 큰 솥에 넣고 끓여 여러 가지 음식들을 만들어 먹었습니다.

오래 끓이는 것들 대부분이 거의 다 장작을 사용해 끓이다보니 거의 매일 불을 때고 있습니다. 장작이야 몇 년을 사용해도 될 만큼 늘 준비해놓기 때문에 가스비 걱정하지 않아도 되니 다행인 상황입니다. 불을 때다보면 화력을 높여야 할 때가 있고, 은근한 불로 온도를 유지해야 할 때가 있어 나름대로 조절이 필요한데, 화력을 높일 때는 무작정 장작을 많이 넣는다고 되는 것이 아닙니다. 얼마나 장작 배치를 잘하느냐가 더 중요합니다.

아무리 많은 장작을 넣어도 틈 없이 쌓아놓으면, 불이 그 안에 갇혀 불길이 솥에 닿지 못하게 됩니다. 즉, 불이 다닐 길을 잘 내주어야 불이 그 길을 따라 타올라 솥을 데울 수 있습니다. 장작을 많이 넣으면 좋을 것으로 생각해서 마구 욱여넣다보면 오히려 더 더디게 타오르는 것이 그 이유 때문입니다.

이는 단순히 나무를 태울 때뿐만 아니라, 나무를 말릴 때도 동일하게 적용됩니다. 나무를 잘라 제재한 후 건조장에서 말릴 때 쌓아두는 데도 이 원칙이 적용됩니다. 다만 그때는 불이 다닐 길이 아니라 바람과 공기가 다닐 길이라는 차이일 뿐입니다. 갓 제재한 나무를 뒤틀리지 않게 말리고 싶은 마음에 각 나무끼리 붙여서 쌓아놓으면, 그 나무를 말려줄 바람이 들어갈 수 없어, 비틀리지는 않지만 제대로 건조가 되지 않고, 심지어 나무 종류에 따라서 곰팡이가 생기거나 썩어버리기도 하기 때문에, 적당한 틈과 공간을 두고 쌓아야 그 사이로 바람과 공기가 지나며 나무가 뿜어내는 습기를 걷어가 완전하게 건조되는 것입니다.

종종 생각하기를 나무에도 이런 길이 필요하듯, 우리 마음에도 그런 길이 필요함을 느낍니다. 하지만 우리는 우리 마음에 너무 많은 것들을 빽빽하고 촘촘하게 쌓아두려 합니다. 때로는 그것이 너무 견고하여 마치 담과 같이 아무도 그 안에 들어올 수 없는, 숨 막히는 감옥 같은 상황일 때도 있는데, 내 안에 내가 너무 많아서 당신이 쉴 곳이 없다던 어느 노래의 가사처럼 수많은 생각의 상자들이 빼곡히 들어차 있기 때문입니다.

내 안에 들어차 매 순간 가슴을 저리게 하는 그것들이지만 막상 그 상자들을 하나하나 열어보면 별 의미 없는 걱정이나 염려가 대부분임을 보게 됩니다. 이사를 자주 다니는 분들의 이야기를 들어보면 매번 버릴 게 너무 많다고 합니다. 당시에는 매우 필요한 것 같고, 꼭 있어야 할 것 같아 애지중지했던 것들인데, 막상 이사하려고 하면 짐만 될 뿐이어서 결국 버리게 된다는 말을 듣곤 하는데, 이것이 없으면 안 되고, 꼭 있어야 한다고 굳게 믿은 것들도, 시간이 지나면 버려야 할 쓰레기로 남는 것이 한둘이 아니라는 것입니다.

타오르는 불길을 바라보며 많은 생각을 합니다. 내 안에 버려야 할 것들, 금과옥조로 여겼던 생각과 사상들, 주님 앞에 아무런 가치도 없는 것임에도, 연연해하는 것들의 이름을 떠올립니다. 그것들이 내 마음의 길을 틀어막고 서서, 나와 주님과의 소통의 통로를 단절시키고 있음을 생각하며, 그것들을 한데 모아 과감하게 뜯어내고, 잘라내어 태워버리길 소망합니다.

그렇습니다. 매 순간 나는 버립니다. 그럼으로 매 순간 나는 죽습니다. 그렇지만 그로 인해, 매 순간 나는 다시 회복됩니다. 좋으신 주님, 당신으로 나아가는 내 삶의 길에 불어오는 당신의 은혜의 산들바람이 내 영혼을 소생케 합니다! ✝

106

성령 충만! 죄의 자리는 남아 있지 않습니다

20200521

선교 초창기 원주민 선교를 시작하여 첫 원주민 마을에 들어갔을 때, 예배는커녕 복음을 이야기하기도 힘든 분위기였습니다. 피부색이 같다는 것 하나 믿고 들어갔지만, 냉랭하기만 한 그곳에서 어떻게 복음을 전해야 할지 난감했었습니다. 기도로 지혜를 구하던 중, 아이들의 온몸에 상처가 많고 전혀 치료하지 않았는지 곪아 있는 것을 보게 되었습니다. 그래서 복음을 전하는 것은 차후로 미뤄두고, 앉아서 고름을 짜고 치료하는 일을 시작했습니다.

그렇게 매주 토요일마다 가서 5시간씩 그 일을 1년간 했습니다. 나중에는 소문이 났는지 옆 마을에서도 찾아와 사람이 많아져서 5시간 내내 쉴 틈 없이 고름을 짜내고, 닦고, 약을 주고, 기도한 후 돌려보내야 했습니다.

처음에는 의욕적으로 시작했지만 1년간 하다보니 문득 드는 생각이, '내가 선교사인데 복음은 증거하지 않고 지금 뭐하는 건가?'라는 생각이 들며, 이제는 그만하고 싶다는 생각이 들던 차에 찾아간 마을에, 웬일인지 마을의 대표급 되는 사람들이 모여 기다리고 있었습니다.

그들의 입에서 나오는 말이 놀라웠습니다. "우리는 1년간 당신을 지켜봤습니다. 그리고 우리는 지난주에 모여 회의를 했는데, 당신이 우리에게 필요한 사람인 것을 확신했습니다. 당신이 1년이나 매번 이렇게 찾아오는 것은 우리에게 뭔가 하고 싶은 말이 있을 것으로 생각합니다. 그리고 우리는 당신이 그 말을 위해 뭐가 하고 싶은지 알게 되었습니다." 뭐가 하고 싶은 것 같냐는 제 질문에 그들은 "당신은 이곳에서 예배를 드리고 싶은 거지요?"라고 답했습니다.

그렇게 예배가 시작되었습니다. 원주민 마을의 대표는 예배당을 세울 땅 6천 평을 주고, 나중에는 그 예배당에 사람들이 너무 많이 모여서 도리어 밖에서 예배드리는 사람이 더 많아진, 원주민 마을 1호 교회가 되었습니다. 그렇게 세워진 교회를 통해 더 깊은 원주민 마을로 들어가 전도할 것을 지속적으로 권면했고, 지금까지 세워진 180 교회 중 3분의 1이 원주민 마을에 세워지게 되었습니다.

그 당시 원주민 아이들의 고름을 짜낼 때 제일 난감했던 것은, 아이들이 자신의 고름을 짜내는 나를 때리며 원망하는 것이었습니다. 많이 아프니까 당연히 그럴 수밖에 없는 행동이었지만, 그 행동들을 보며 '왜 이 아이들은 고름이 이렇게 찰 때까지 가만있었는가?' 잘은 모르지만, 아마 고름을 짜낼 때보다 고름이 차는 동안 겪은 고통이 현저히 적거나, 아예 느끼지 못할 정도로 미미해서 그대로 방치해두었기 때문일 것입니다.

우리 안에 이물질이 채워지는 동안에는 무감각하다가 그것을 제거할 때 극심한 고통이 수반되는 것이 그것 하나만은 아닐 것입니다. 죄는 전혀 고통 없이, 아무렇지 않게, 심지어 달콤하게 우리 안에 들어와, 마치 자기 집인 양 자리를 잡습니다. 하지만 그 죄를 우리 안에서 제거하기 위해 우리가 치러야 할 대가는 상상을 초월합니다. 심지어 그 죗값이 얼마나 큰지, 사람의 힘과 능력으로는 도저히 이뤄낼 수 없어, 주님이 친히 십자가에서 죽으심으로 자신의 피로 그 죄를 씻게 되었습니다.

그럼에도 불구하고 우리는 그 주님의 손을 때리기도 합니다. 심지어 우리는 그 주님의 치유를 원망하기도 합니다. 주님이 만드신 우리의 존재 안에 죄는 원래부터 우리 안에 있으면 안 될 이물질입니다. 그럼에도 매 순간 우리는 그것을 무감각하게 받아들이고 심지어 탐닉하기도 합니다.

이제 짜내야 합니다. 닦아내야 합니다. 더 이상 내 안에 침범하지 못하도록 우리 안에 성령으로 충만해야 합니다. 꽉 찬 물컵에는 더 이상 다른 물이 들어올 수 없습니다. 내 안의 성령 충만! 더 이상 죄의 자리는 존재할 수 없습니다! ✝

107

한 영혼 구원의 대가

20200530

계절상 늦가을인 이맘때의 파라과이는 곳곳에 놓은 들불로 발생한 연기로 가득합니다. 마르고 억센 풀이 남아 있으면 동물에게 먹일 여린 풀들이 자라기 어렵기 때문에 베어내야 하는데, 일일이 제거하기 힘들기에 건조한 오후에 불을 질러 태우곤 합니다. 그렇게 피운 불길이 자기 땅이 아닌 다른 이의 땅에까지 넘어가 재산상 피해를 주는 일이 적지 않아 분쟁이 생기는 시기가 요즘이기도 합니다.

오늘도 매캐한 연기를 헤치고 지나오다 불현듯 몇 년 전의 일이 떠올랐습니다. 선교센터 땅 중 뒤편 삼만 평에 만 그루의 나무를 심었던 적이 있었습니다. 유칼립투스라는 이름의 나무는 매우 빠르고 곧게 자라기 때문에, 더군다나 심은 자리가 나무가 자라기에 최적의 토질이어서 7년만 키우면 수확할 수 있고, 그렇게 수확한 목재를 이용하면 백 곳의 교회를 세울 자재와 재정이 마련될 수 있었습니다.

그렇게 일 년이 지나 나무가 사람 키보다 훨씬 크게 자랐는데,

동네 사람들이 불을 질러 모두 태워버렸습니다. 실수로 불이 번져서 탄 것이라면 이해가 되겠지만, 다분히 의도적으로 태웠다는 것을 알 수 있었던 것은 그들이 불을 끄려고 노력하지 않았을뿐더러 그 후에 보인 태도에서 드러났습니다.

이런 일이 일어나면 손해를 배상하거나, 소송에 들어가 배상을 받아내거나, 받아낼 것이 아무것도 없으면 심지어 감옥에 집어넣는 것이 일반적인 경우이기 때문에, 어떻게든 자신들의 잘못을 인정하지 않고 심지어 적반하장으로 나오는 것을 보게 되었습니다.

속으로 참기 힘든 분노가 치밀어 올랐지만, 화를 낸다고 해서 이미 불타버린 나무가 살아 돌아올 수 없고, 그렇다고 그들이 그 엄청난 액수를 감당할 수 있는 형편도 되지 않는다는 것도 알고 있었고, 그 지역에 전도자들이 들어가 복음을 전하기 시작한 곳이기에, 주님의 이름을 부르며 참고, 그들을 조건 없이 용서하기로 마음먹고, 사역자를 불러 그들에게 선교사가 조건 없이 용서하기로 했다는 말을 전하라고 보냈습니다.

한참이 지나서 돌아온 사역자는 얼굴이 사색이 되어 있었습니다. 그러면서 하는 말이 "그들이 선교사의 용서가 자신들의 상식으로는 이해가 안 된다며(당연히 손해 배상을 요구하거나 여의치 않으면 자신들을 감옥에 넣는 것이 그들의 상식이자 그들이 살면서 경험한 일이기 때문에), 이는 저 외국인이 자신들을 거짓으로 안심시킨 후 경찰을 사서(파라과이는 돈이 있으면 경찰을 얼마든지 불러올 수 있고, 돈이 없으면 사건이 생겨도 경찰이 매우 무성의하게 움직임) 자신들을 모두 잡아다 감옥에 넣고 자신들의 것을 빼앗을 것이라고 의견을 모으더니, 이왕 이렇게 된 거, 저 외국인 한 명을 죽이면 이 일을 다 덮을 수 있다고 말하며 총을 들고 오려고 한다"는 것이었습니다.

들으면서 하도 기가 막혀서 저녁 시간 혼자 기도하는 자리인 예배당 강단 밑에서 아무런 기도도 하지 못하고 앉아만 있었습니다. 한참이 지난 후 마음 가운데 주님의 툭 던지시는 말씀을 듣게 되었습니다.

"넌 왜 그렇게 망연자실한 채 앉아 있니?"

이 모든 상황을 아시는 주님이시니, 더군다나 주님이 주신 마음을 힘겹게 순종함으로 용서의 모습을 보인 이후에 생긴 이 기가 막힌 상황이니, 주님의 위로의 말씀을 기대했던 마음에 주신 말씀으로는 너무 매정하게 느껴져 서운한 마음을 담아 구구절절 하소연하였습니다. 그 긴 푸념을 다 듣고 계신 주님이 다시 주신 말씀도 동일하게 서운하게 들렸습니다.

"넌 왜 그 나무를 심었니?"

또 긴 설명을 감정을 듬뿍 담아 하소연하듯 올려드리자, 이번엔 단호한 주님의 음성이 들렸습니다.

"넌 도둑질한 거다."

지금까지 말씀은 단순히 서운하게 들린 정도였지만, 이 말씀은 도저히 이해할 수 없어 화를 내며 따지듯 외쳤습니다.

"도둑질이라니요!"

그때 주님이 제게 주신 말씀으로 그 이유를 알게 되었습니다.

"나는 한 사람이나 한 교회에 은혜를 부어 그들이 내 말에 순종함으로 복을 얻게 하려 했는데, 넌 네가 스스로 나무를 심어서 그것을 이루려 하여 그들이나 그 교회가 나로부터 복 받을 기회를 막아버리고 도둑질한 것이다."

그러면서 내 마음속에, 내가 성전 건축에 필요한 재정이 필요할 때, 마치 구걸하는 것 같은 마음이 들어 주님께 묻지도 않고 내가 내 방법대로 해버리려 했던 것들을 보여주셨습니다. 주님은 주님의 방법으로 당신의 복 주심의 기회를 준비하셨는데, 나는 사람들에게 재정을 요청하는 것이 내 마음에 힘드니 내 방식대로 해버리고, 심지어 그것을 통해 사람들로부터 일 잘한다고 칭찬 듣길 기대했던 것이었습니다.

주님의 마음을 알았으니 더 이상 서운해할 것도, 원망하거나 두려워할 것도 없어 툴툴 털고 감사함으로 자리에서 일어났습니다. 그 후 시간이 지나면서 그렇게 기세등등하던 사람들이 선교사가 자신들을 고소하지도 경찰을 불러 잡아가지도 않고 온전히 용서했다는 것을 알게 되고 그들 안에 변화가 일어나기 시작했습니다. 복음을 전하다보면 어느 지역은 복음이 너무나 잘 들어가는 지역이 있는가 하면, 어느 지역은 매우 견고한 진과 같이 도무지 복음을 받아들이려 하지 않는 지역도 있습니다.

그들이 살고 있는 선교센터 뒤편 지역의 사람들이 후자였는데, 그 일이 이후 난생처음 묻지도 따지지도 않는 진정한 용서를 경험하고 나서 그들의 마음이 녹았습니다. 이후 전도자의 헌신으로 그 지역에 예배처가 생기고, 그들 가운데 한 사람이 주님께 완전히 삶을 헌신하고, 우리가 세운 신학교를 졸업하고 그 지역을 섬기는 사역자가 되었습니다.

자신의 오토바이 뒤편에 사람들이 탈 수 있는 공간을 만들어 예배마다 사람들을 데려오고 예배하고 끝나면 데려다주며 섬기는 그의 얼굴이 마치 천사와 같았습니다. 그 일이 생겼을 때 그 살기 넘치고 기세등등했을 얼굴과는 도저히 비교할 수 없는 얼굴로 말입니다.

한 영혼을 구원하고, 또 그로 인해 더 많은 영혼을 구원하는 일은 결코 쉬운 일도, 거저 되는 것도 아닐 것입니다. 그것이 그리 쉽게 되는 것이라면 우리 주님이 십자가에서 죽기까지 고통받으실 이유가 없으실 만큼 영혼 구원을 위한 대가는 처절하고 분명합니다. 그렇다면 한 영혼을 구원하기 위해, 한 지역을 복음으로 이끌기 위해 만 그루의 나무는 결코 비싼 대가가 아닐 것입니다.

만일 주님이, 이기적이고 계산적인 우리처럼 그분의 계산기를 두드렸다면, 절대로 용서받을 수 없는 죄인인 우리에게 십자가의 은혜는 결코 성립될 수 없을 것입니다. 주님은 만물을 지으신 분이시고 모든 것보다 뛰어나시며 모든 이보다 현명하시지만, 그분 안의 사랑은 이렇게 성립될 수 없는 불공정에도 아낌없이 자신을 내어주셨습니다.

오늘도 그날을 기억하며 나를 돌아봅니다. 오늘 나는 한 영혼의 구원을 위해 얼마나 마음을 들이고 애를 썼는가? 오늘 나는 한 영혼의 구원을 위해 얼마나 나 자신을 포기하고 헌신했는가?✝

108

나는 오늘도 주님의 이름을 부릅니다

20200423

코로나 바이러스로 인해 국가 전체에 통행 제한을 하고 있어 먼 곳을 나갈 수 없는 상황이지만, 집에 먹을거리가 거의 다 떨어져 조금 거리가 있는 큰 슈퍼마켓에 다녀왔습니다. 길에서 경찰을 만나면 골치 아픈 일이 생길 수 있어서 큰 길이 아닌 비포장 샛길로만 갔더니, 다행히 오고 가며 경찰을 만나지는 않았습니다.

아침 일찍 갔음에도 이미 줄이 상당하게 서 있었고, 입구에서 소독 절차를 거치고 그 줄의 맨 뒤에 서게 되었습니다. 규정에 따른 것인지 모르겠지만, 슈퍼 안에는 제한된 인원만 받게 되고 나머지는 그들이 나올 때까지 기다려야 하는 상황이었습니다. 오는 사람들도 큰맘 먹고 온 것이었기에 다들 구매하는 물건의 양이 많아서인지 그들이 나올 때까지 입구에서 1시간 넘게 기다려야 했습니다.

줄 서서 기다리는 게 익숙한 현지인들은 아무렇지 않겠지만, 언제 들어가야 하는지도 알 수 없이 무작정 기다려야 하는 상황이 매우 지루했습니다. 더군다나 아침에 연락해야 할 일이 있어서 전화기가 필요했는데, 마침 전화기를 차 안에 두고 내려 답답함이 더욱 가중되었습니다. 물건을 다 사고 나와서 차 안에 있는 전화기를 확인하니 다행히 아직 연락이 도착하지 않았는데, 곧 연락이 닿아 일을 잘 처리할 수 있게 되었습니다.

집으로 돌아오는 길에 운전하며 이런 생각이 들었습니다. 연락을 주고받아야 하는데 1시간 동안 전화기 없는 상황이 이토록 답답하고 궁금했는데, 주님과의 1시간의 침묵은 왜 아무렇지 않은가? 돌이켜보면 때때로 주님과의 거리가 너무 멀게만 느껴지고, 심지어 낯설게 느껴지기도 하고, 나의 고통에 무관심하다고 생각되기도 하는데, 어쩌면 그 이유가 나와 주님과의 만남이 매우 띄엄띄엄 이루어지기 때문에 그로 인한 '영적 낯가림'일 수 있을 것입니다.

매 순간 주님을 바라보고, 만나고, 동행하면 주님의 존재가 매우 자연스럽겠으나, 그렇지 못하고 겨우 일주일에 한 두어 번의 예배 때나 겨우 주님의 이름을 부르고, 그 외 시간엔 전혀 주님을 찾지도 구하지도 바라지도 못하는 삶에서의 주님의 존재는, 십수 년 만에 만나는 먼 친척 같은 낯선 느낌일 것입니다.

시베리아의 추운 마을에 사는 사람들은 한겨울에 자동차의 시동을 끄지 않고 밤새 켜놓는다고 합니다. 그들이 기름이 남아돌아서 그런 것이 아니라, 시동을 끄면 모두 다 얼어붙어서 다음 날 시동을 켤 수 없기 때문입니다. 움직이는 수레바퀴는 조금만 힘을 더해주면 계속 굴러가지만, 멈춰진 수레바퀴를 굴리려면 매우 큰 힘이 필요합니다. 우리의 영적인 상태도 마치 이와 같아서, 매 순간 주님을 바라보고 그 주님의 임재를 갈망하지 않으면 우리의 영적 심장은 금세 얼어붙어 버릴 것입니다.

나는 나를 신뢰하지 못합니다. 정확히 말해 나는 나의 믿음의 분량을 신뢰하지 못합니다. 모태신앙에 목사로서 삶을 다 드려 낯선 땅에서 선교사로 17년을 살아가지만, 나는 언제든 내 영적 무너짐의 가능성을 부인할 수 없습니다. 그렇기에 매 순간 주님의 이름을 의도적으로라도 부르려 몸부림칩니다. 매일 매 순간 완벽하게 주님과 동행한다면 그럴 필요가 없겠지만, 매일 나는 나의 영적 흔들림을 경험하기에 더욱 심령의 옷깃을 여밉니다. 노동하면서도, 운전하면서도, 나는 주님의 이름을 지속적으로 부릅니다. 주님의 도우심을 구하고, 부지불식간에 나오는 언행의 죄와 악한 생각들을 내려놓고 용서를 구합니다. 그럼에도 불구하고 매번 반복되는 나의 부족한 모습에 실망하지도, 낙심하지도 않습니다.

여전히 나는 죄를 짓습니다. 그러나 여전히 나는 용서를 받습니다. 나의 죄의 끝은 분명히 있을 것이나, 주님의 용서는 끝이 없을 것임을 믿기 때문입니다. 감사하신 주님, 오늘도 주님으로 인해 나는 기쁩니다. 상황보다 크신 주님, 이미 이기신 주님을 찬양합니다! ✝

109

날마다 세움을 받게 하소서

20200511

아침에 고국에 있는 월요 건초더미 기도회와 온라인으로 기도회를 진행하였습니다. 지구 반대편에 있다는 것이 무색할 만큼 기술의 놀라움은 서로의 거리감을 지워버려서 마치 옆에서 함께 기도하는 느낌이 들게 하였습니다. 바울이 로마가 닦아놓은 길을 따라 복음을 전했던 것처럼 각 시대의 가장 놀라운 기술은 주님의 일을 이뤄나가는 데 큰 도움이 됩니다.

기도회를 마치고 곧바로 선교센터에 있는 목공소로 일을 하러 갔습니다. 요즘은 나무 문을 다 만들고 잘 건조된 건축용 목재를 대형기계 대패로 깎는 일을 하고 있습니다. 대팻날이 50센티미터가 넘는 대형 대패이다보니 일을 하며 나오는 톱밥 양도 상당해서 두 주간 깎은 분량이 50킬로그램 밀가루 포대 100부대가 넘게 나왔습니다. 부피가 크지만 무게는 그리 많이 나가지 않아 부대에 쉽게 담아 센터 내 텃밭에 거름으로 사용하기 위해 쌓아두고 있습니다.

요즘 깎는 나무가 매우 단단한 나무이다보니 두 주를 사용한 대팻날이 무뎌져서 새롭게 날을 갈기 위해 옆 마을 독일 사람에게 보냈습니다. 워낙 대형기계의 날이다보니 대팻날 두 개만 해도 무게가 상당히 나가서 사고가 생기지 않도록 잘 묶어서 보내야 했습니다. 새롭게 날을 갈아온 대팻날은 종이장도 가볍게 베어낼 만큼 날카롭습니다. 하지만 두어 주 계속해서 사용하다보면 어느새 무뎌져서 나무를 깎다가 나뭇조각을 튕겨내기 때문에 위험해 반드시 주기적으로 갈아주어야 합니다.

칼날처럼 날카롭던 것도 반드시 무뎌져 다시 날을 세움을 받아야 합니다. 실려 가는 대팻날을 바라보며 나의 무뎌진 부분은 무엇인가 생각해보았습니다. 내 안에 무뎌진 영적인 예민함을 혹시 당연하게 습관화하고 있지는 않은지 점검해봅니다. 매일의 삶에 주님의 말씀을 숫돌 삼아 내 무뎌진 영적인 삶의 흔적에 주님의 이름을 새깁니다. †

110

주님이 쓰시는 이

20200516

매주 한 번씩 다른 마을을 찾아가 말씀과 전도지와 생필품을 나누는데, 오늘은 교회 청년들과 김정옥, 김현의 선교사님과 함께 멀지 않은 가난한 이들이 사는 마을에 주님의 마음을 전하고 왔습니다.

80여 가구가 살고 있는 그곳에 그들에게 필요한 생필품과 전도지를 들고 찾아 가 집마다 방문하였습니다. 누구도 자신들을 돕지 않는데 교회가 자신들을 돕는 것에 매우 감사해하며 전도지를 귀하게 받는 것이 얼마나 감사했는지 모릅니다. 상황은 그 어느 때보다 힘들지만, 그로 인해 주님께 마음을 열 수 있는 기회가 되는 것이 귀합니다. 고국에서 후원하는 선교비를 이들과 함께 나누는 데 사용할 수 있음이 감사함입니다.

마지막 찾아간 집은 파라과이 국립 암병원에서 치료가 불가능하다고 집으로 돌려보낸 한 자매가 사는 집이었습니다. 자매를 위하여 기도하는 내내 눈물이 나며 마음이 너무나 힘들었습니다. 특별히 10살도 되지 않는 그녀의 세 자녀가 너무 안타까웠습니다. 몇 달 전 보고를 받았을 때부터 지속적으로 도울 길을 모색하고 있는데 그 도움이 절실한 상황입니다.

기도를 마치고 돌아설 때 사역자 한 분이 그 자매에게 뭔가 쥐여주는 것을 보았습니다. 자신이 힘들게 농사지어 아침마다 손수레에 실어다 동네에서 팔아 만든 돈을 모두 그 자매에게 건네주는 것이었습니다. 자신의 형편 또한 누구보다 어려운 그 사역자는 지역마다 힘든 이가 있으면 매번 이렇게 자신의 것을 전부 건네줍니다.

인간적으로 보면 참 대책 없이 사는 모습일 수도 있습니다. 하지만 주님은 그 대책 없음을 기뻐하시고, 그 대책 없는 이를 귀하게 쓰십니다. †

III

우리 주님 모신 곳이 그 어디나 하늘나라

20200531

    오늘도 사역자들과 함께 멀지 않은 곳에 살고 있는 교인들을 찾아가 말씀을 나누고 기도하는 시간을 가졌습니다. 새벽부터 좋지 않은 날씨는 아침에 나가려는 즈음에도 잔뜩 찌푸린 얼굴로 금방이라도 빗방울을 떨구어 낼 기세였습니다.

    사역자들과 이동하면서 하늘을 보며 바로 비가 와도 이상하지 않을 하늘의 상태를 확인하면서도, 서로 웃으며 모든 가정을 다니며 말씀과 기도를 마친 후에 비가 올 것이라고 이야기를 나눌 수 있었던 것은, 이미 여러 차례 이와 같은 경험들이 우리 안에 공유되기 때문이었습니다. 실제로 모든 예배를 마치고 집에 돌아오자마자 빗방울이 떨어지기 시작했습니다.

    떨어지는 빗방울을 보며 불현듯 몇 해 전 일이 생각났습니다. 전도팀들이 오랜 시간 전도하여 이제 집회를 열기로 준비한 지역으로 예배팀들과 함께 떠나려는데, 하늘이 심상치 않음을 모두가 보게 되었습니다. 파라과이는 비가 오기 전 예외 없이 보이는 현상이 있는데, 이 현상이 일어나면 거의 반드시 비가 오게 됩니다.

들어가려는 지역이 비포장 흙길이기에 비가 오면 오고 가는 것이 불가능할 정도의 길이 되고, 또 사람들이 비가 오면 집 밖으로 나올 수 없는 상황인지라 출발을 해야 할지 고민이 되는 시간이었습니다.

선교사는 하늘을 쳐다보며 걱정하고 있는데, 정작 선교사보다 더 날씨에 대해 경험이 많은 현지 출신 예배팀은 아무 걱정 없는 얼굴로 떠날 준비를 계속해서 하고 있는 것을 보았습니다. 그러면서 그들에게 비가 올 것 같으니 오늘은 가는 게 힘들 것 같다고 말하자 그들이 말했습니다. "오랫동안 이 예배를 우리가 준비해 왔고, 이 예배를 받으시길 원하시는 주님이 계시니 주님이 이 날씨도 받으실 것입니다." 가끔 보면 가장 믿음이 없는 사람이 선교사일 때가 있습니다.

현장에 도착해서 본 상황은 더 걱정이었습니다. 하늘이 먹구름으로 가득 찬 것은 물론이요, 근처에서는 번개가 치고, 비가 오기 전에 부는 바람이 거세게 불어치는데 이건 바로 비가 쏟아진다는 말과 다름이 없었기 때문입니다. 하지만 우리 팀들은 태연히 장비를 세팅하고 음악을 틀며 사람들을 불러모으기 시작했습니다. 처음에는 사람들이 이 날씨에 바깥에서 뭐하는 짓인가 하고 집 밖으로 나오려 하지 않았지만, 곧이어 이 광경이 신기하기도 하고 궁금하기도 한지 하나둘 나오기 시작하더니, 금세 예배를 진행할 마당에 가득 차게 되었습니다. 그렇게 예배가 시작되었습니다.

예배가 시작된 후 일어난 일은 지금 생각만 해도 다시 전율이 느껴집니다. 그 검은 하늘의 한가운데, 우리가 있던 그 지역에만 마치 구멍이 뚫린 듯 깨끗하게 비워져 별이 빛나는 모습을 보게 된 것입니다. 그날 예배는 앞을 보고 드린 것이 아니라 모두 하늘을 보며 드렸습니다.

선교는 흔히 예배가 없는 곳에 예배가 있게 하는 것이라고 합니다. 그 예배, 주님이 그 예배를 받으시길 간절히 원하시기에, 당신이 친히 두 손을 펴서 하늘의 구름을 걷어 당신의 맑은 얼굴을 우리에게 보이신 것입니다. 그 어느 곳에서도, 대지를 쪼갤 것 같은 뇌우와 폭풍이 몰아치는 광야이든, 이마에 맺힌 땀방울을 훔쳐 갈 산들바람의 부드러운 손길이 느껴지는 잔잔한 초원 위든, 주님은 주님을 예배하는 그 자리를 당신의 임재로 충만하게 채우십니다.

파라과이는 아직 성전에서 예배함에 많은 제약을 두고 있고 사실상 어려운 상황입니다. 하지만 성도들 한 사람 한 사람의 삶의 예배는 날마다 충만함으로 더해지고 있습니다. 초막이든 궁궐이든 우리 주님 모신 곳이 그 어디나 하늘나라! 아멘입니다.✝

112

오늘도 한 걸음만큼 더 자라납니다

20200617

계속되는 숲에서의 작업을 통해 필요한 목재를 많이 얻고 있습니다. 살아 있는 나무를 베는 것이 아니라 이미 성장할 대로 성장한 후 고사한 나무를 잘라 켜고 있습니다. 이미 죽어 오래된 나무들은 겉껍질이나 약한 부분이 다 삭은 후 안에 심재만 남아 매우 단단하여 목재로서 훌륭합니다.

어제 새로 한 그루 나무를 베어 쓰러트렸는데 나무를 온통 휘감고 있는 덩굴식물들을 걷어내는 데만 많은 시간이 걸렸습니다. 한국에서야 숲속의 덩굴이 손으로 뜯어내도 될 정도로 약하고 가늘지만, 한국보다 더 더운 지역인 이곳에서, 그것도 사람의 손을 타지 않고 수십 년간 자란 덩굴들은 이미 두 손으로 감싸도 다 잡히지 않을 만큼 굵게 자라서 마치 한 그루의 나무 같아 보일 지경입니다.

덩굴을 자주 걷어내줬더라면 이렇게까지 자라지 않을 것이나 오랜 시간 방치하면 더 이상 기계의 힘을 빌리지 않고는 해결할 수 없을 만큼 굵고 강하게 자라납니다. 그 즉시 제거했더라면 어렵지 않았을 그 작업이 필요한 것은 그것들이 너무 무성해지면 온 나무를 휘감고 덮어버려 결국엔 그 나무를 죽이고야 말기 때문입니다.

그 즉시 제거해야 할 것이 비단 나무 옆의 덩굴들만이 아닐 줄 믿습니다. 우리 안에도 매 순간 그런 덩굴 같은 존재들이 고개를 들어 올리며 우리를 침범하고 휘감아 가고 있습니다. 별거 아니라고 생각하고 내버려두면 결국 그것은 우리가 어찌할 수 없는 존재로 자라나 결국 우리의 몸과 영에 큰 상처를 주게 되고, 그 방치의 결말은 죽음으로 끝이 나게 됩니다.

사람마다 이름을 다르게 붙일 수 있는 그것을 우리는 모두 다 가지고 있습니다. 그것이 죄이든, 욕심이든, 세상의 이목과 자랑이든 우리는 그것을 모른 척하거나, 애써 무시해버리거나, 심지어 주님의 자리와 바꾸고 숭배하기도 합니다.

그 즉시 제거해야 합니다. 모두 다 걷어내 타는 불에 던져 살라버려야 합니다. 주님은 포도나무요, 우리는 가지라는 말씀을 기억합니다. 우리가 몸 되신 주님과 연합하여 그분으로부터 샘솟는 거룩한 자양분을 공급받아 세상을 향해 매 순간 복음의 이파리를 뻗어내야 합니다. 주님은 그 일을 위해 단 한 순간도 당신 안에서부터 성령의 생수를 뽑아 올리기를 쉬지 않으십니다.

나무를 타고 올라가는 덩굴을 보면 모두 한 가지 공통점이 있음을 보게 됩니다. 그것은 그들이 결코 나무보다 굵지 않다는 것입니다. 세상이 아무리 강해 보이고, 원수가 아무리 능해 보이고, 문제가 아무리 거대해 보여도 그것들은 결코 우리보다, 우리 주님보다 크지 못합니다. 크신 주님, 능하신 주님, 주님이 계심으로 매일의 삶에서 세상 가운데 설 수 있습니다. 당신이 계시기에 삶의 문제가 폭풍우처럼 몰아치는 모든 자리에서도 굳건히 하늘을 향해 손을 뻗어 내밀 수 있습니다. 그 주님, 당신에게 감사함으로 오늘도 한 걸음 더 자라납니다! †

113

복음의 접촉점

20200621

어느 한 사람이나 한 지역에 복음을 전할 때 그들로 하여금 복음에 반응하게 하고 받아들이게 하는 시작이 되는 복음의 접촉점은 각기 다름을 경험합니다. 놀라운 것은 대부분 지역에서 반응하는 각각 다른 복음의 접촉점이 내가 예상하고 준비한 부분과 차이가 크다는 것입니다.

사람은 누구나 자신이 잘하는 부분을 주로 사용하게 되고, 자신이 연약한 부분이나 미숙한 부분은 감추기 마련인지라, 자신이 잘할 수 있는 말이나 행동을 통해 새로운 지역이나 사람에게 다가가 복음을 전하려 하는데, 오히려 그들이 반응하는 것은 내가 준비한 부분, 즉 나의 장점이나 내가 내세울 만한 부분이 아니라는 것입니다. 되려 나의 연약함을 통해 반응하고 마음을 여는 것입니다.

센터교회를 세우고 목회를 시작한 지 얼마 되지 않아 풍토병을 심하게 앓은 적이 있었습니다. 병문안을 왔던 한 선교사님의 사모님은 자신이 아이 세 명을 낳았을 때 아팠던 것보다 이 병이 더 힘들었다고 위로했을 정도였는데, 그나마 그 선교사님은 1기에 걸렸던 것이고, 난 그보다 심각한 3기에 걸려 극심한 고통 속에서 차라리 주님이 데려가심만을 기도했던 적이 있었습니다.

나중에 안 사실이지만 그때 교인들은 그런 내 상태를 보고, 이 선교사는 여기서 죽든지, 만약 나으면 자기 나라로 돌아갈 것으로 생각했었다고 합니다. 그런데 주님의 은혜로 나은 후 오히려 그들의 마을로 들어와 자신들과 같이 사는 것을 보고, 이 선교사가 전하는 말이 진심임을 알게 되었다고 고백하는 것을 보았습니다. 나의 약함과 고통도 주님이 사용하시면, 의심의 눈초리를 가지고 바라봤던 이들의 마음을 녹이고, 열어, 그들이 복음에 귀를 열게 만드는 힘이 있는 것입니다.

또한 남미에서 사역하는 동양인 선교사의 인종적 다름은 이 땅의 주인이었던 원주민들에게 다가갈 수 있는, 마음의 빗장을 여는 열쇠와 같습니다. 우리 할아버지의 할아버지의 할아버지가 너희의 할아버지의 할아버지의 할아버지와 같은 사람이라는, 세상적으로 보면 말도 안 되는 논리가 오히려 이들 눈에 보이는 인종적 유사점으로 마음을 열게 하는 접촉점이 되어, 자신들의 조상을 죽인 하얀 얼굴의 선교사가 와서 전했으면 듣지 않았을 복음에 반응하게 하는 접촉점이 됩니다.

차별적 사고를 가진, 소위 백인들에게는 동양인이라는 것이 복음 접촉점의 장점이 될 수 없었기 때문에 의도치 않은 연약한 부분이라 할 수 있겠으나, 도리어 원주민에게는 외형적 동질감으로, 그들의 마음을 여는 열쇠가 되게 하시는 것입니다.

그 밖에 전도하러 다니다보면 겪는 여러 상황 중 특별히 위해를 당하거나 심지어 살해 위협을 받는 일이 생기는 일들 등, 동행한 팀원들이 보기에 가슴 졸이는 상황이 발생하는데, 그것이 우리의 마음을 상하게 하고, 낙심하게 할 수 있는 일임에도, 우리가 그것을 넉넉히 믿음으로 이겨내며, 오히려 가해한 그들을 용서하고 사랑하는 것을 통해, 가해한 그들이 마음을 열고 복음 안으로 들어오게 하는 상황들을 경험하게 됩니다.

물론 그 상황 당시에는 결코 유쾌하지 않습니다. 다시 경험하고 싶지 않을 정도로 몸서리쳐지는 것도 사실입니다. 하지만 그것을 통해 한 영혼이라도 구원할 수 있다면, 주님은 그 순간에 그 상황을 넉넉히 이길 힘을 나에게 주셨음을 수없이 경험하게 됩니다. 그것을 확실히 고백할 수 있는 것은, 그 힘은 나의 성격이나 성품으로 보면 결코 나에게서 나올 수 없는 것들이기 때문입니다.

이 밖에 이루 셀 수 없이 많은 체험을 통해 얻은 동일한 결론은 "주님은 나의 연약함을 쓰신다"는 것입니다. 주님은 나의 이 연약한 부분을 내가 만나는 이들의 마음을 여는 복음의 접촉점으로 쓰신다는 것입니다. 이는, 복음은 결코 나의 능력이나 힘의 유능한 부분으로 전해지는 것이 아니라, 전적으로 주님의 능력으로만 전해짐을 분명케 하시기 위함임을 믿습니다.

우리는 우리를 드러내고, 허세를 부리고, 온갖 것으로 자랑하는 데 특화되어 있습니다. 또한 우리는 우리의 연약한 부분을 숨기고 감추는 데 탁월한 능력을 태어나면서부터 자동 탑재하고 있습니다. 그러나 주님은 우리를 통해 당신의 일을 이루어가실 때, 우리의 탁월함을 사용하시는 것이 아니라, 인간적으로 보았을 때 도무지 가망성 없는 약하디 약한 부분을 기꺼이 사용하시며, 그것을 통해 당신의 일을 이루시기 위해 당신의 능력을 몰아넣으시는 데 인색한 법이 없으십니다.

그러기에 오늘도 나는 고백할 수밖에 없습니다. 주님, 나는 아무것도 한 것이 없습니다. 오직 주님이 하셨습니다. 주님, 내일 또 어떤 사람을 만나게 하실지 나는 알지 못합니다. 그들을 만나 무슨 말로 당신을 전할지, 어떤 복음의 접촉점이 있는지 상상조차 할 수 없습니다. 다만, 주님이 나의 가장 부끄럽고 약한 부분을 끄집어내서 사용하신다고 하실 때, 내가 그것이 부끄러워 잡아끄시는 주님의 손을 뿌리치지 않게 하옵소서. 겸손히 손을 내밀어 주님이 이끄시는 대로 순복하며, 마지막에 오직 한 가지만 고백하게 하옵소서. 주님, 주님이 하셨습니다. 나는 무익한 종일 뿐입니다. ✝

오직 맡겨주신 사명을 붙잡고
지구 반대편 옥수수밭에서 시작하여
19년간 동역한 아내 유은선 선교사와,
주님이 키워주셔서 바르게 자라난 두 아이,
풍토병과 열병으로 사경을 헤맬 때
금식하며 기도해준
사랑하는 모든 성도들과,
속 깊은 친구요 함께 웃고 울며
동역하는 모든 사역자들에게 감사를 드립니다.

© 권정원

녹슬지 않고 닳아 없어지길 원합니다

초판 1쇄 발행   2022년 2월 7일
초판 2쇄 발행   2022년 2월 18일

지은이   임동수

펴낸이   여진구
책임편집   안수경 김도연
편집   이영주 정선경 진효지 최현수 최은정 김아진 정아혜
책임디자인   노지현 | 마영애 조은혜
기획·홍보   김영하
마케팅   김상순 강성민 허병용   마케팅지원   최영배 정나영
제작   조영석 정도봉   경영지원   김혜경 김경희

303비전성경암송학교 유니게과정   박정숙 최경식
이슬비전도학교 / 303비전성경암송학교 / 303비전꿈나무장학회   여운학

펴낸곳   규장

주소   06770 서울시 서초구 매헌로 16길 20(양재2동) 규장선교센터
전화   02)578-0003   팩스   02)578-7332
이메일   kyujang0691@gmail.com   홈페이지   www.kyujang.com
페이스북   facebook.com/kyujangbook   인스타그램   instagram.com/kyujang_com
카카오스토리   story.kakao.com/kyujangbook
등록일   1978.8.14. 제1-22

책값   뒤표지에 있습니다.
ISBN 979 - 11 - 6504 - 286 - 8 03230

규 | 장 | 수 | 칙

1. 기도로 기획하고 기도로 제작한다.
2. 오직 그리스도의 성품을 사모하는 독자가 원하고 필요로 하는 책만을 출판한다.
3. 한 활자 한 문장에 온 정성을 쏟는다.
4. 성실과 정확을 생명으로 삼고 일한다.
5. 긍정적이며 적극적인 신앙과 신행일치에의 안내자의 사명을 다한다.
6. 충고와 조언을 항상 감사로 경청한다.
7. 지상목표는 문서선교에 있다.

> 하나님을 사랑하는 자 곧 그의 뜻대로 부르심을 입은 자들에게는 모든 것이 合力하여 善을 이루느니라 (롬 8 : 28)

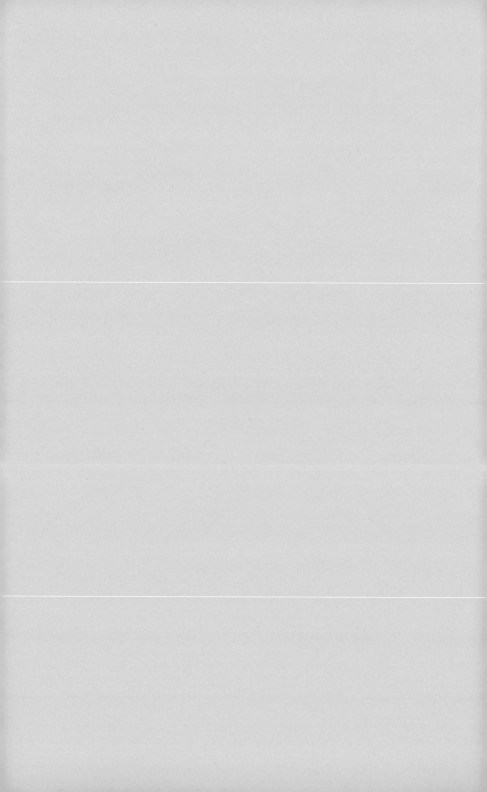